Edmund Wild

# 77-mal selber dichten

## frei nach Goethe, Grönemeyer & Co.

Gedichte

von bekannten Dichtern und unbekannten Schülern

und Anregungen

zum kreativen Experimentieren mit Sprache

Sekundarstufe

Persen

Persen Verlag

Gedruckt auf umweltbewusst gefertigtem, chlorfrei gebleichtem
und alterungsbeständigem Papier.

2. Auflage 2006
Nach der Neuregelung der deutschen Rechtschreibung.
Bei einigen Gedichten wurden die Rechte allerdings nur für den Abdruck in alter Rechtschreibung gewährt.



Illustrationen: Barbara Hömberg (S. 96); alle anderen: Archiv Heli Fehmarn
Fotos: Archiv Heli Fehmarn
Layout, Gestaltung, Satz: www.helifehmarn.de

ISBN 978-3-8344-3676-4

www.persen.de

Gedichte sind gemalte Fensterscheiben

Johann Wolfgang von Goethe

# Inhalt



* Gedichte in Auszügen

# Inhalt



## Anhang



* Gedichte in Auszügen

Johann Wolfgang von Goethe
1749 - 1832

Gedichte sind gemalte Fensterscheiben!
Sieht man vom Markt in die Kirche hinein,
da ist alles dunkel und düster;
und so sieht's auch der Herr Philister.
Der mag denn wohl verdrießlich sein
und lebenslang verdrießlich bleiben.

Kommt aber nur einmal herein!
Begrüßt die heilige Kapelle!
Da ist's auf einmal farbig helle;
Geschicht' und Zierrat glänzt in Schnelle,
bedeutend wirkt ein edler Schein.
Dies wird euch Kindern Gottes taugen;
erbaut euch und ergetzt die Augen!

# Vorwort

**Gedichte sind gemalte Fensterscheiben!**
Sieht man vom Markt in die Kirche hinein,
da ist alles dunkel und düster;
...
Kommt aber nur einmal herein!
Begrüßt die heilige Kapelle!
Da ist's auf einmal farbig helle;
...

**Gedichte sind gemalte Fensterscheiben!**
Wer einmal eine gotische Kathedrale von außen bewundert und von innen bestaunt hat, kann Goethes Vergleich unmittelbar nachempfinden. Nur wer die Kirche betritt, in der es auf einmal farbig helle wird, erkennt die Buntheit der Farben und die Vielfalt der Darstellungen: die Könige und die Heiligen, den Kampf und die Mildtätigkeit – und lässt sich davon gefangen nehmen.
Deshalb: Kommt aber nur einmal herein!

**Gedichte sind gemalte Fensterscheiben!**
Gedichte sprechen uns an oder stoßen uns ab. Ihre Sprache ist direkt und bildkräftig. Wir lesen uns fest oder wir legen sie gelangweilt zur Seite. Und manchmal verstehen wir sie erst, wenn wir sie nicht lesen, sondern hören.

**Gedichte sind gemalte Fensterscheiben!**
Sie passen zu unserem Alter, sie passen zu unseren Lebenssituationen.

- Wir lehnen uns wie Goethes Prometheus gegen die Autorität auf: „Hier sitze ich und forme Menschen nach meinem Bilde."
- Wir verlieren uns in Eichendorffs Mondnacht: „Es war, als hätt' der Himmel die Erde still geküsst."
- Wir stellen uns Brechts Fragen eines lesenden Arbeiters: „Haben die Könige die Felsbrocken herbeigeschleppt?"
- Und wir geben überzeugende Liebeserklärungen ab: „Du bist mîn, ich bin dîn, des solt du gewis sîn!"

**Gedichte sind gemalte Fensterscheiben!**
Gedichte gehören zum musischen Teil des Deutschunterrichts. Rechtschreibung, Grammatik, Aufsatzlehre – die Technik reicht nicht aus, um den Schülerinnen und Schülern einen Eindruck von der Fülle und Kraft unserer Sprache zu vermitteln. Erst die Gedichte rühren sie an, „wie die Finger der Künstlerin heilige Saiten" (Hölderlin).

**Gedichte sind gemalte Fensterscheiben!**
Interpretieren ist gut, produzieren ist besser. Wer selbst Gedichte schreibt, versteht den Dichter – seine Gedanken, seine Suche nach dem passenden Wort und der richtigen Form. Schülerinnen und Schüler sind oft verblüfft, wenn ihnen ein Gedicht gelingt, das sie sich selbst niemals zugetraut hätten.

**Gedichte sind gemalte Fensterscheiben!**
Aber sie sind keine Heiligtümer. Wer sie zerschneidet, umformt, ergänzt, erweitert, vermischt, übersetzt usw., begeht kein Sakrileg. Schülerinnen und Schüler sollen sich dem Gedicht nähern. Was diesem Ziel dient, ist gerechtfertigt.

**Gedichte sind gemalte Fensterscheiben!**
Gedichte sind nicht nur für das stille Kämmerlein gedacht. Sie brauchen die Artikulation und Intonation. Man kennt ein Gedicht erst richtig, wenn man es auswendig gelernt hat.
Andere Sprachen drücken es besser aus: „to learn by heart", „savoir par cœur", „decorar" – immer hat es etwas mit dem Herzen zu tun, wenn man einen Text auswendig kann. Solche Herzensangelegenheiten sollten wir unseren Schülerinnen und Schülern durchaus gönnen.

**Gedichte sind gemalte Fensterscheiben!**
Dieses Buch bietet 77 Anregungen zum SELBER DICHTEN. Die Lehrkraft legt alle 77 Blätter oder eine Auswahl aus!

- Die Schülerinnen und Schüler wählen ein Blatt aus und arbeiten damit.
- Oder sie legen das Blatt zurück und greifen zum nächsten.
- Sie dichten alleine oder sie suchen sich Partner.
- Sie geben zwischendurch auf oder sie bringen einen Text zustande.
- Sie tragen ihr Gedicht vor oder sie schenken es ihrer Mutter.

In jedem Fall:
Die Schülerinnen und Schüler arbeiten frei. Es gibt keine Zeitvorgabe und keinen Notendruck. Sie horchen in sich hinein. Sie loten sich selbst aus und lernen eine neue Seite ihrer Fähigkeiten kennen.
Und sie erleben dabei manche Überraschung.

**Gedichte sind gemalte Fensterscheiben!**

**Beispiel:**

Eugen Roth

**Der Baum**

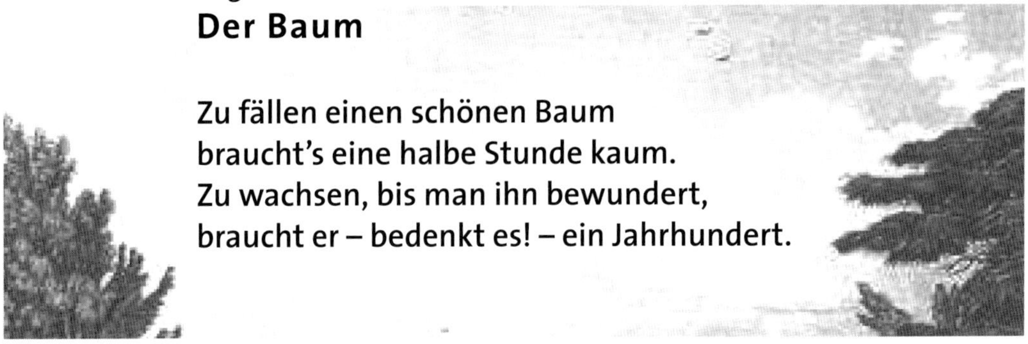

Zu fällen einen schönen Baum
braucht's eine halbe Stunde kaum.
Zu wachsen, bis man ihn bewundert,
braucht er – bedenkt es! – ein Jahrhundert.

■ **Das Gedicht wird vorgelesen.**

- vom Lehrer
- von einer Schülerin oder einem Schüler (gute Leser!)
- von einem professionellen Sprecher (CD, Video, Kassette)

■ **Die Schüler lesen das Gedicht still.**

Außerhalb der Schule ist dies die häufigste Art, in der man ein Gedicht kennen lernt.

■ **Das Gedicht wird „portionsweise" auf dem Tageslichtprojektor oder dem Beamer dargeboten.**

■ **Das Gedicht wird den Schülern zerschnitten vorgelegt.**

Eugen Roth

**Der Baum**

braucht er – bedenkt es! – ein Jahrhundert.
Zu fällen einen schönen Baum
Zu wachsen, bis man ihn bewundert,
braucht's eine halbe Stunde kaum.

■ **Das Gedicht wird den Schülern mit Alternativwörtern vorgelegt.**

Eugen Roth

**Der Baum**

Zu fällen einen *großen / schönen* Baum
braucht's eine *halbe / volle* Stunde kaum.
Zu wachsen, *wie / bis* man ihn bewundert,
braucht er – *verstehst du? / bedenkt es!* – ein Jahrhundert.

# EINSTIEG IN DIE ARBEIT MIT EINEM GEDICHT

■ **Das Gedicht erscheint den Schülerinnen und Schülern als Fragment (ohne Reimwörter, ohne Schlusszeile o. Ä.).**

Eugen Roth

**Der Baum**

Zu fällen einen schönen Baum
braucht's eine halbe Stunde ...
Zu wachsen, bis man ihn bewundert,
braucht er – bedenkt es! – ein ...

■ **Das Gedicht wird atmosphärisch vorbereitet.**

– Im Sitzkreis werden **Gegenstände** (z. B. Baumsämling, Säge, Axt) ausgebreitet, die zum Inhalt hinführen.

– An der Tafel werden in einer **Mindmap** die Vorkenntnisse der Schüler gesammelt (z. B. Eiche, 1000 Jahre, Blätter, Sauerstoff, Sägen).

– Der Lehrer zeigt ein Bild (z. B. Holzfäller), das das **Thema** des Gedichts veranschaulicht, und führt ein Unterrichtsgespräch.

– Lehrer und Klasse gehen an einen **Ort**, der zum Gedicht passt (z. B. Wald).

- **Das Gedicht wird inhaltlich, sprachlich usw. analysiert und interpretiert.**
  (Klassische Methode der Interpretation: „Was will der Dichter damit sagen?")

**Beispiel:**

Conrad Ferdinand Meyer

**Der römische Brunnen**

**Aufsteigt der Strahl, und fallend gießt**
**er voll der Marmorschale Rund,**
**die, sich verschleiernd, überfließt**
**in einer zweiten Schale Grund;**
**die zweite gibt, sie wird zu reich,**
**der dritten wallend ihre Flut,**
**und jede nimmt und gibt zugleich**
**und strömt und ruht.**

**Stichpunkte zur Interpretation:**

– Darstellung von Gleichmaß und Bewegung

– Versmaß: Auftakt in Zeile 1,

I _ _ I _ I _ I
Aufsteigt der Strahl, und fallend gießt

dann völliges Gleichmaß in Zeilen 2–7,

_ I _ I _ I _ I
er voll der Marmorschale Rund, ...

Halbierung Zeile 8.

(nur noch 4 statt 8 Silben)

– Partizip Präsens: fall**end**, verschlei**ernd**, wall**end**

– 3. Person Singular Präsens: steig**t**, gieß**t**, fließ**t**, gib**t**, nimm**t**, ström**t**, ruh**t**

– Zeilen 7 und 8: und ... und ... und ... und ...

– Reimschema: a b a b c d c d

■ **Das Gedicht wird um neue Zeilen oder neue Strophen erweitert.**

**Beispiel:**

August Kopisch

**Die Heinzelmännchen zu Köln**

Wie war zu Köln es doch vordem
mit Heinzelmännchen so bequem!
Denn, war man faul, man legte sich
hin auf die Bank und pflegte sich.
Da kamen bei Nacht,
eh' man's gedacht,
die Männlein und schwärmten
und klappten und lärmten
und rupften
und zupften
und hüpften und trabten
und putzten und schabten.
Und eh' ein Faulpelz noch erwacht,
war all sein Tagewerk bereits gemacht.

Bei Schülern ist es so: Es hält
sie nichts im Haus, nicht mal für Geld.
Sie lassen Hausaufgaben sein,
die Männlein machen sie gar fein.
Sie schreiben geschwind,
so wie der Wind.
Sie rechnen und malen
die Wörter und Zahlen
und kritzeln
und kratzeln.
Sie lesen, radieren,
sie basteln, kopieren.
Und eh' die Schüler nachgedacht,
sind auch Gedichte schon gemacht.

- **Unterschiedliche Fassungen eines Gedichts werden miteinander verglichen.**
  (Von Conrad Ferdinand Meyers „Der römische Brunnen“ gibt es 7 Fassungen.)

1882:
**Der römische Brunnen**

Aufsteigt der Strahl, und fallend gießt
er voll der Marmorschale Rund,
die, sich verschleiernd, überfließt
in einer zweiten Schale Grund;
die zweite gibt, sie wird zu reich,
der dritten wallend ihre Flut,
und jede nimmt und gibt zugleich
und strömt und ruht.

1860
**Rom: Springquell**

Es steigt der Quelle reicher Strahl
und sinkt in eine schlanke Schal'.
Das dunkle Wasser überfließt
und sich in eine Muschel gießt.
Er überströmt die Muschel dann
und füllt ein Marmorbecken an.
Ein jedes nimmt und gibt zugleich
und allesammen bleiben reich,
und obs auf allen Stufen quillt,
so bleibt die Ruhe doch im Bild.

- **Motivgleiche Gedichte werden einander gegenübergestellt.**

Matthias Claudius
**Abendlied**

Der Mond ist aufgegangen,
die goldnen Sternlein prangen
am Himmel hell und klar.
Der Wald steht schwarz und schweiget
und aus den Wiesen steiget
der weiße Nebel wunderbar.

Christian Morgenstern
**Der Mond**

Als Gott den lieben Mond erschuf,
gab er ihm folgenden Beruf:
Beim Zu- sowohl wie beim Abnehmen
sich deutschen Lesern zu bequemen,
ein a formierend und ein z –
dass keiner groß zu denken hätt'.
Befolgend dies ward der Trabant
ein völlig deutscher Gegenstand.

- **Nach der Vorlage eines Gedichts schreiben die Schüler Parallelgedichte.**

Eugen Roth
**Der Baum**

Zu fällen einen schönen Baum
braucht's eine halbe Stunde kaum.
Zu wachsen, bis man ihn bewundert,
braucht er – bedenkt es! – ein Jahrhundert.

Justus
**Die Welt**

Die Welt steht seit Milliarden Jahren,
die Menschen sollten sie bewahren.
Doch wenn die weiterhin so hausen,
wird sie bald untergeh'n mit Grausen.

## Die Schüler wandeln einen Prosatext in ein Gedicht um.

**Krieg im Irak**

Der Einmarsch der Amerikaner in den Irak traf stellenweise auf erbitterten Widerstand. Beide Seiten setzten Panzer und starke Artillerie ein und mussten im Feuer der Granaten schwere Verluste hinnehmen. Die amerikanischen Schwerverletzten wurden nach Deutschland in das Militärkrankenhaus in Ramstein geflogen.
Einige schweben in Lebensgefahr. Viele werden ihr Leben lang verkrüppelt bleiben.

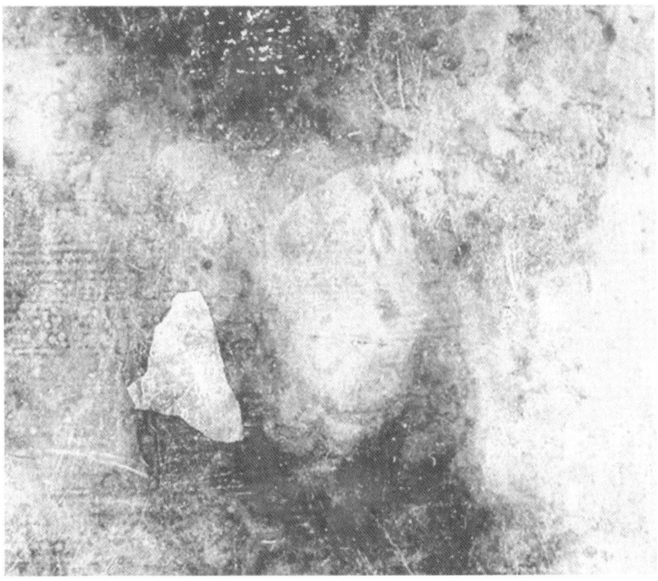

Jörg

### Krieg

Ich liege hier
auf sauberem Laken;
es duftet nach Reinheit.
Und doch
nehme ich nichts wahr.
Der Krieg
nahm mir die Arme,
die Hände,
die Beine,
die Füße,
nahm mir die Augen,
die Ohren,
die Sprache.
Ich „sehe“ mich an
und frage mich: warum?
Warum bin ich,
wie ich bin?
Wozu das alles?
Satan, Gott, Idole, Glaube.
Was nutzt das,
wenn Granaten
dir die Gedärme zerfetzen,
über alle Felder zerstreuen,
wenn du als Krüppel zurückbleibst?

## Die Schüler vermischen verschiedene Gedichte.

Sabrina

### Nis Maynards Bürgschaft bei den Heinzelmännchen zu Köln

| | |
|---|---|
| Einst hatt' ein Schneider große Pein, | *Die Heinzelmännchen* |
| da fasst ihn die Mutter: „Du steigst mir nicht ein!“ | *Nis Randers* |
| Da sinkt er ans Ufer und weint und fleht, | *Die Bürgschaft* |
| der Zugwind wächst, doch die Qualmwolke steht, | *John Maynard* |
| Krachen und Heulen und berstende Nacht, | *Nis Randers* |
| und eh' ein Faulpelz noch erwacht, | *Die Heinzelmännchen* |
| schreibt die Stadt ihren Denkspruch ein, | *John Maynard* |
| die Männlein sorgten um den Wein. | *Die Heinzelmännchen* |
| Und die Sonne versendet glühenden Brand. | *Die Bürgschaft* |
| Still! Ruft da nicht einer? Er schreit's durch die Hand: | *Nis Randers* |
| „Zurück! Du rettest den Freund nicht mehr!“ | *Die Bürgschaft* |
| Ach, dass es noch wie damals wär'! | *Die Heinzelmännchen* |

- **Das Gedicht wird in eine andere Sprache übersetzt. (Englisch, Latein, Türkisch usw.)
Die Übersetzung wird einer anderen Gruppe zur Rückübersetzung vorgelegt.
Die Rückübersetzung vergleicht man mit dem Original.**

**Beispiel:** (nach D. Matten-Gohdes: Goethe ist gut.)

Johann Wolfgang von Goethe
**Wanderers Nachtlied**

Über allen Gipfeln
ist Ruh,
in allen Wipfeln
spürest du
kaum einen Hauch;
die Vögelein schweigen
im Walde.
Warte nur, balde
ruhest du auch.

<– Das Gedicht wurde 1902 ins **Japanische** übersetzt, von dort 1911 ins **Französische** und wieder ins **Deutsche**.
Das Ergebnis steht hier: –>

Stille ist im Pavillon
aus Jade.
Krähen fliegen stumm
zu beschneiten Kirsch-
bäumen im Mondlicht.
Ich sitze
und weine.

- **Das Gedicht wird nach formalen Vorgaben geschrieben.**

Elfchen
Haiku
Spindel
Paarreim
Daktylus
Tannenbaum
usw.

- **Das Gedicht wird auf ein Schmuckblatt (DIN A3 oder DIN A4) geschrieben, mit passenden Bildern verziert und ausgehängt.**

- **Die Gedichte werden in einem Gedichtheft gesammelt, das die Schülerinnen und Schüler durch ihre gesamte Schulzeit begleitet.**

# BEARBEITUNGSVORSCHLÄGE

■ **Die Schüler basteln mit Wörtern und Buchstaben.**

**Beispiele:**

Gr u be

regnen

Kleptoma ie

FÜLLUNG

Schwank

■ **Der Inhalt des Gedichts wird bildnerisch dargestellt.**

■ **Die Schüler lernen das Gedicht auswendig und tragen es wie Schauspieler vor.**

■ **Der Gedichtvortrag wird instrumental begleitet (z. B. Orff-Instrumente).**

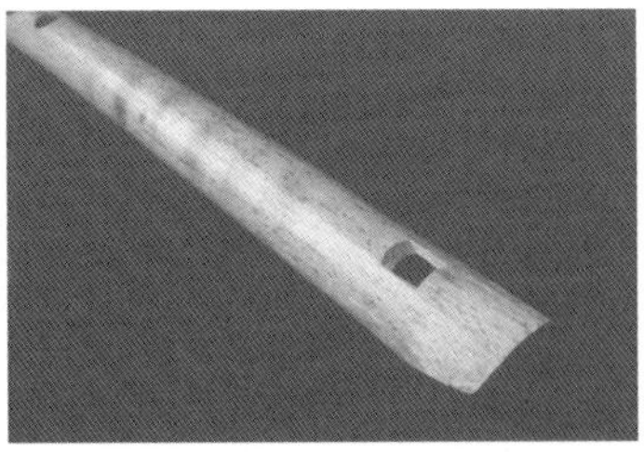
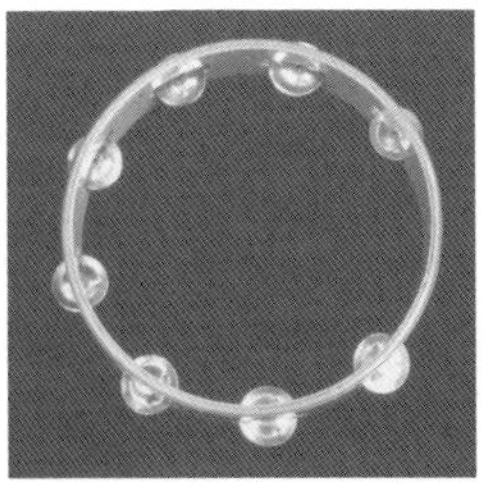

- **Den Schülerinnen und Schülern kann ein leeres Blatt mit folgenden Hinweisen vorgelegt werden:**

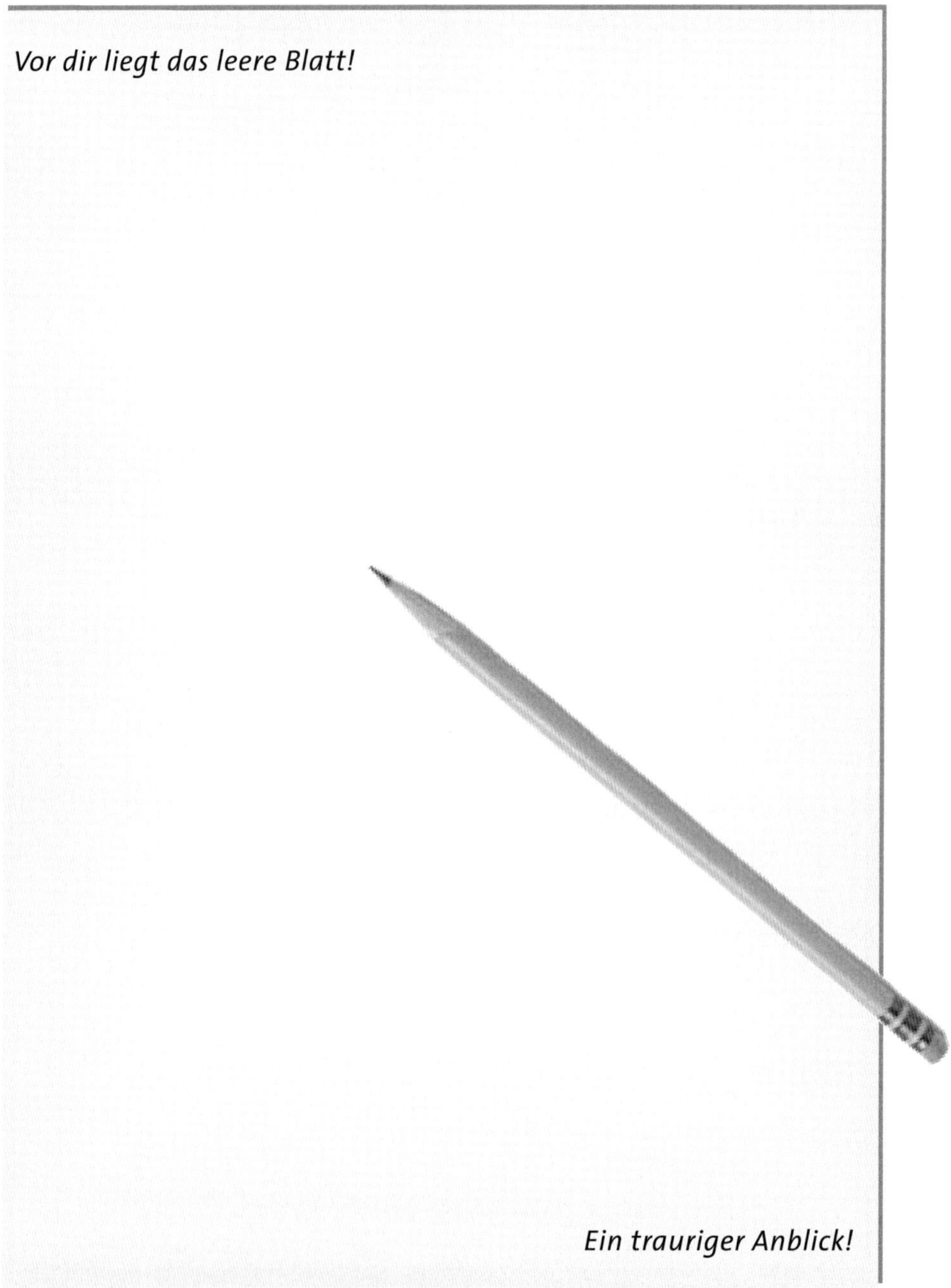


***Das kannst du ändern! Du hast die Wahl!* ⟶**

- **Eine Auswahl der Arbeitsblätter wird zur Bearbeitung angeboten.**

Grundsätzliche Hilfen zur Anfertigung von Gedichten:
**Dein Gedicht soll sich reimen!**

- **Du suchst Reimwörter, die zu deinem Thema passen.**

**Beispiel Jagd:**

| | | | | | |
|---|---|---|---|---|---|
| | wagt, | quer, | Baum, | sieht, | Pirsch, |
| | sagt, | Gewehr, | kaum, | flieht, | Hirsch. |

- **Du überlegst dir eine Geschichte.**

- **Du schreibst die Zeilen und schließt sie mit den Reimwörtern ab.**

**Beispiel:**

**Jagd**

Auf der P**irsch**
folgt Maximilian dem H**irsch**.
Ein Holzstück macht: „Kn**irsch**!"
Weg ist der H**irsch**.

- **Du zählst die Silben. (Achte darauf: In jeder Reimzeile sind gleich viele Silben.)**

| | | |
|---|---|---|
| Auf / sei / ner / Pirsch | –> | 4 Silben |
| folgt / Max / dem / Hirsch. | –> | 4 Silben |
| Ein / Ast / macht: / „Knirsch!" | –> | 4 Silben |
| Weg / ist / der / Hirsch. | –> | 4 Silben |

- **Du betonst die Wörter richtig. (_ unbetonte Silbe, I betonte Silbe)**

| | | | |
|---|---|---|---|
| _ | I | _ | I |
| Auf | sei | ner | Pirsch |
| _ | I | _ | I |
| folgt | Max | dem | Hirsch. |
| _ | I | _ | I |
| Ein | Ast | macht: | „Knirsch!" |
| _ | I | _ | I |
| Weg | ist | der | Hirsch. |

- **Du schaust** dir dein Gedicht an, **liest** es laut vor und **horchst** darauf, ob die **Zahl der Silben,** die **Melodie der Wörter** und die **Reime** zueinander passen.

**Du möchtest ein freies Gedicht schreiben? Dann kannst du folgendermaßen vorgehen:**

- **Du suchst eine Idee zu einem Thema.**

  **Beispiel:** **Wald**

- **Du trägst zusammen, was es im Wald gibt.**

  **Tiere:** Reh, Hirsch, Ameise, Fuchs, Eichelhäher, Wildschwein usw.
  **Pflanzen:** Tanne, Buche, Buschwindröschen, Waldmeister, Springkraut usw.
  **Menschen:** Wanderer, Förster, Holzfäller, Jogger usw.

- **Du suchst passende Adjektive.**

  **Beispiel:** **hohe** Tannen, **röhrende** Hirsche, **blühende** Buschwindröschen, **emsige** Ameisen, **duftender** Waldmeister, **listiger** Fuchs, **grunzendes** Wildschwein, **fröhliche** Wanderer, **keuchende** Jogger.

- **Du überlegst dir eine Pointe.**

  **Beispiel:** Bedeutung des Waldes: **grüne Lunge**
  oder (ironisch): **Holzlager, illegale Müllkippe**

- **Du überlegst, wie du deinen Text anordnest.**

  **Beispiel:** **Wald**

  hohe Tannen
  dichtes Unterholz
  scheue Rehe — Adjektiv + Substantiv
  blühender Waldmeister
  zwitschernde Vögel
  fröhliche Wanderer
  gestörter Ameisenhaufen
  keuchende Jogger

  grüne Lunge — Pointe

- **Du schaust** dir dein Gedicht an, **liest** es laut vor und **horchst** darauf, ob die **Melodie der Wörter** und die **Anordnung des Textes** zueinander passen.

# 77 Anregungen zum SELBER DICHTEN für Schülerinnen und Schüler

■ ***Bei Erich Frieds beiden Gedichten solltest du genau hinschauen.***

Sie unterscheiden sich nur durch **einen – entscheidenden – Buchstaben!**

Erich Fried

## Gedichte lesen

| | |
|---|---|
| Wer | Wer |
| von einem Gedicht | von einem Gedicht |
| seine Rettung erwartet, | keine Rettung erwartet, |
| der sollte lieber lernen, | der sollte lieber lernen, |
| Gedichte zu lesen. | Gedichte zu lesen. |

■ ***Jetzt bist du an der Reihe!***
***Überlege, was für Menschen wichtig ist!***

**Beispiele:** Freundschaft,
Computer,
Chatten,
Eltern,
Religion,
Staat
usw.

■ ***Ersetze die kursiv gedruckten Wörter und schreibe ein eigenes Gedicht!***

**Beispiel:**

## Freunde verstehen

| | |
|---|---|
| Wer | Wer |
| von ***der Freundschaft*** | von ***der Freundschaft*** |
| seine Rettung erwartet, | keine Rettung erwartet, |
| der sollte lieber lernen, | der sollte lieber lernen, |
| ***Freunde zu verstehen.*** | ***Freunde zu verstehen.*** |

# WORTMELODIE

Die Wörter unserer Sprache bestehen aus **Silben**.
Die Silben hört man heraus, wenn man die Wörter klatscht.

| | | | | | | |
|---|---|---|---|---|---|---|
| I | I | I | I | I | I | I |
| Dich- | ten | ist | **ein** | Kin- | der- | spiel. |

Jede Silbe enthält einen **Vokal**.

Jedes Wort unserer Sprache hat eine **eigene Molodie.**
Es besteht aus **betonten (I)** und **unbetonten (_)Silben**.

| | | | | | | |
|---|---|---|---|---|---|---|
| I | _ | I | _ | I | _ | I |
| **Dich-** | ten | **ist** | ein | **Kin-** | der- | **spiel.** |

Die Wörter werden meistens auf dem **Stamm** betont.
(**Achtung!** Die Trennung entspricht nicht den gültigen Regeln. Gewöhnlich steht ein Konsonant am Silbenanfang!)

| | | | |
|---|---|---|---|
| | I | _ | _ |
| | **Stamm** | sil | ben |
| _ | I | _ | |
| ent | **stamm** | en | |
| | I | _ | _ |
| | **Stamm** | vo | kal |

| | | | |
|---|---|---|---|
| I | | | |
| **lieb** | | | |
| I | _ | | |
| **lieb** | en | | |
| I | _ | _ | |
| **lieb** | ens | wert | |
| I | _ | _ | _ |
| **lieb** | ens | wer | ter |

| | | | | |
|---|---|---|---|---|
| I | | | | |
| **fehl** | | | | |
| I | _ | | | |
| **Fehl** | er | | | |
| I | _ | _ | | |
| **fehl** | er | haft | | |
| I | _ | _ | _ | |
| **Fehl** | er | haf | tung | |
| I | _ | _ | _ | _ |
| **Fehl** | er | haf | tig | keit |

■ ***Ordne die Wörter in eine Tabelle ein!***

Schule, Baum, verlaufen, übernehmen, Computermaus, Handy, beobachten, Biologie, Diskothek, hinunter, Bücherwurm, erbärmlich, Zeugnis, falsch, Schulbibliothek, vervielfältigen, Ofen, genug, Lampenschirm, Düsenjäger, Gotteslästerung, Mathematik, enorm, gewaltig, spät, merkwürdig.

**Beispiel:**

| Eine Silbe | Zwei Silben | Drei Silben | Vier Silben | Fünf Silben |
|---|---|---|---|---|
| | Han-dy | | | ver-viel-fäl-ti-gen |

■ ***Schreibe die Melodie der Wörter mit den Betonungszeichen in dein Heft!***

| | | | | | | | | | | | | | | | |
|---|---|---|---|---|---|---|---|---|---|---|---|---|---|---|---|
| I | _ | I | _ | I | _ | _ | _ | I | _ | _ | I | _ | _ | I | _ |
| Schu- | le, | Baum, | ver- | lau- | fen, | ü- | ber- | neh- | men, | Com- | pu- | ter- | maus, | Han- | dy usw. |

# DER TROCHÄUS (I _) Johann Wolfgang von Goethe 1749 - 1832

Jedes Wort hat eine eigene Melodie. Sie besteht aus dem Wechsel von betonten (**I**) und unbetonten (_) Silben.

■ ***Lies die folgenden zweisilbigen Wörter und klatsche die Silben.***
***Klatsche die betonte Silbe (I) stärker als die unbetonte (_) Silbe:*** 

| I | _ |
|---|---|
| ***Wör-*** | *ter* |

| I | _ | I | _ | I | _ | I | _ | I | _ | I | _ | I | _ |
|---|---|---|---|---|---|---|---|---|---|---|---|---|---|
| **Schu-** | le, | **spie-** | len, | **mor-** | gen, | **Schön-** | heit, | **Han-** | dy, | **den-** | ken, | **No-** | te, |
| I | _ | I | _ | I | _ | I | _ | I | _ | I | _ | I | _ |
| **Freun-** | din, | **Fuß-** | ball, | **Am-** | pel, | **freund-** | lich, | **kräf-** | tig, | **fal-** | len, | **Lam-** | pe. |

Bei jedem dieser Wörter liegt der **Ton auf der ersten Silbe**. Es ist ein **Trochäus (I _)**.

**Der Trochäus (I _) im Gedicht**
Als Beispiel siehst du hier die ersten vier Zeilen aus Goethes Gedicht **„Der Zauberlehrling"**.

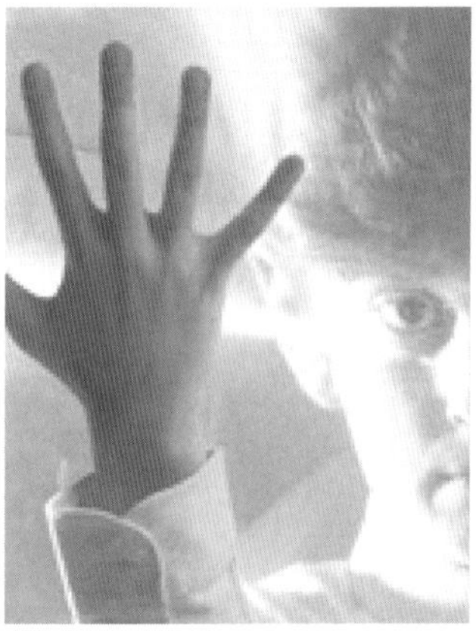

## Der Zauberlehrling

| I | _ | I | _ | I | _ | I | _ |
|---|---|---|---|---|---|---|---|
| **Hat** | der | **al-** | te | **He-** | xen- | **meis-** | ter |
| I | _ | I | _ | I | _ | I | _ |
| **sich** | doch | **ein-** | mal | **weg-** | be- | **ge-** | ben! |
| I | _ | I | _ | I | _ | I | _ |
| **Und** | nun | **sol-** | len | **sei-** | ne | **Geis-** | ter |
| I | _ | I | _ | I | _ | I | _ |
| **auch** | nach | **mei-** | nem | **Wil-** | len | **le-** | ben. |

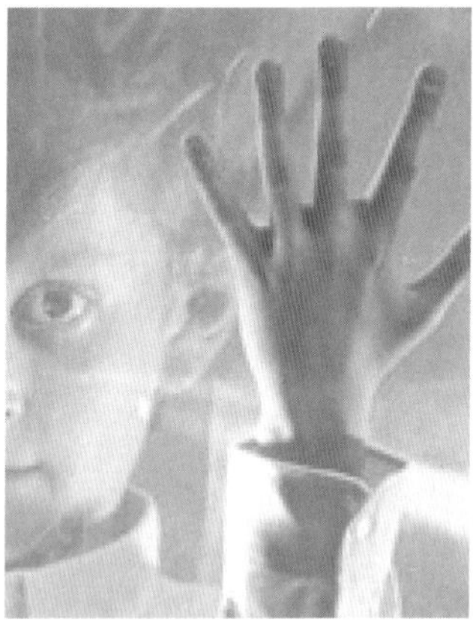

**Zweisilbige Verben** sind immer **Trochäen**: 

| I | _ | I | _ | I | _ | I | _ | |
|---|---|---|---|---|---|---|---|---|
| **lau** | fen, | **sprin** | gen, | **wer** | fen, | **spie** | len | usw. |

■ ***Setze die Betonungszeichen:***

gehen oder laufen, rechnen oder schreiben,

hüpfen oder springen, holen oder bringen.

■ ***Suche im Wörterbuch (oder in deinem Gedächtnis) zweisilbige Wörter. Sind es Trochäen?***

■ ***Schreibe Trochäen untereinander! Bilde Reime!***

Jedes Wort hat eine eigene Melodie.
Sie besteht aus dem Wechsel von betonten (**I**) und unbetonten (_) Silben.

■ ***Lies die folgenden zweisilbigen Wörter und klatsche die Silben.*** - **I**
***Klatsche die betonte Silbe (I) stärker als die unbetonte Silbe (_):*** *Ver-* ***bot***

| _ | I | _ | I | _ | I | _ | I | _ | I | _ | I |
|---|---|---|---|---|---|---|---|---|---|---|---|
| Ge- | **sang**, | Ver- | **dacht**, | ge- | **heim**, | be- | **liebt**, | Er- | **satz**, | hin- | **aus**, |
| _ | I | _ | I | _ | I | _ | I | _ | I | _ | I |
| ent- | **setzt**, | char- | **mant**, | ver- | **kehrt**, | er- | **laubt**, | Ge- | **nie**, | zu- | **letzt**. |

Bei jedem dieser Wörter liegt der **Ton auf der zweiten Silbe.** Es ist ein **Jambus (_ I).**

**Der Jambus (_ I) im Gedicht**

**Beispiel:**
So endet Wilhelm Buschs Gedicht „Fink und Frosch“:

Wilhelm Busch

**Fink und Frosch**

| _ | I | _ | I | _ | I | _ | I |
|---|---|---|---|---|---|---|---|
| Wenn | ei- | ner, | der | mit | Mü- | he | kaum |
| _ | I | _ | I | _ | I | _ | I |
| ge- | kro- | chen | ist | auf | ei- | nen | Baum, |
| _ | I | _ | I | _ | I | _ | I |
| schon | glaubt, | dass | er | ein | Vo- | gel | wär, |
| _ | I | _ | I | | | | |
| so | irrt | sich | der. | | | | |

■ ***Denke dir Wörter aus (z. B. Partizip Perfekt: gelacht, verfehlt, beliebt, zersetzt usw.)!***
***Klatsche sie! Zeichne zu jedem Wort die Betonungszeichen (_ I)!***

**Beispiel:**

_ I _ I _ I
geklaut, erwischt, bestraft,

_ I _ I _ I
bereut, gesühnt, befreit –

_ I
daheim

_ I _ I _ I
gelernt, ..................., ...................

■ ***Suche andere zweisilbige Wörter (z. B. Verdacht, allein, darauf, gemein usw.)!***
***Erkennst du den Jambus? Bilde Reime!***

■ ***Schreibe Gedichte mit jambischen Wörtern in dein Heft!***

## DER DAKTYLUS (I _ _) Johann Wolfgang von Goethe 1749 - 1832

Jedes Wort hat eine eigene Melodie.
Sie besteht aus dem Wechsel von betonten (**I**) und unbetonten (_) Silben.

■ ***Lies die folgenden dreisilbigen Wörter und klatsche die Silben***
***Klatsche die betonte Silbe (I) stärker als die unbetonten (_) Silben:*** *Ei- sen- bahn* (I _ _)

| | | | | | | | | | | | | | | |
|---|---|---|---|---|---|---|---|---|---|---|---|---|---|---|
| I | _ | _ | I | _ | _ | I | _ | _ | I | _ | _ | I | _ | _ |
| **Kö-** | ni- | gin, | **Os-** | ter- | ei, | Au- | to- | fahrt, | **durch-** | at- | men, | **wun-** | der- | bar, |
| I | _ | _ | I | _ | _ | I | _ | _ | I | _ | _ | I | _ | _ |
| **lä-** | cher- | lich, | **Dak-** | ty- | lus, | **Früh-** | lings- | luft, | **Te-** | le- | fon, | **Ba-** | de- | tuch. |

Bei jedem dieser Wörter liegt der **Ton auf der ersten Silbe, gefolgt von zwei unbetonten Silben.**
Es ist ein **Daktylus (I _ _).**

### Der Daktylus (I _ _) im Gedicht

**Beispiel:**
So beginnt **„Reineke Fuchs“** von Goethe (Zeilen 3–5 ausgelassen):

| | | | | | | | | | | | | | | | | |
|---|---|---|---|---|---|---|---|---|---|---|---|---|---|---|---|---|
| I | _ | _ | I | _ | _ | I | _ | _ | I | _ | _ | I | _ | _ | I | _ |
| **Pfings-** | ten, | das | **lieb-** | li- | che | **Fest**, | war | ge- | **kom-** | men; | es | **grün-** | ten | und | **blüh-** | ten |
| I | _ | _ | I | _ | _ | I | _ | _ | I | _ | _ | I | _ | _ | I | _ |
| **Feld** | und | | **Wald**; | auf | | **Hü-** | geln | und | **Hö-** | hen, | in | **Bü-** | schen | und | **He-** | cken. |
| I | _ | _ | I | _ | _ | I | _ | _ | I | _ | _ | I | _ | _ | I | _ |
| **No-** | bel, | der | **Kö-** | nig, | ver- | **sam-** | melt | den | **Hof**; | und | | **sei-** | ne | Va- | **sal-** | len |
| I | _ | _ | I | _ | _ | I | _ | _ | I | _ | _ | I | _ | _ | I | _ |
| **ei-** | len | ge- | **ru-** | fen | her- | **bei** | mit | | **gro-** | ßem | Ge- | **prän-** | ge; | da | **kom-** | men |
| I | _ | _ | I | _ | _ | I | _ | _ | I | _ | _ | I | _ | _ | I | _ |
| **vie-** | le | | **stol-** | ze | Ge- | **sel-** | len | von | **al-** | len | | **Sei-** | ten | und | **En-** | den. |

Fast regelmäßig folgen auf eine **betonte (I) zwei unbetonte (_ _) Silben.**

■ ***Sammle dreisilbige Wörter nach dem Muster des Daktylus!***
***Schreibe Daktylen untereinander und füge Reimwörter zu einem Gedicht zusammen!***

**Beispiel:**

**Osterferien**
**Os**terfest, **Früh**lingsluft,
**Son**nenschein, **Blü**tenduft,
**Fe**rien, **Ba**destrand,
**Zoo**besuch, **E**lefant usw.

## DER ANAPÄST (_ _ I) Johann Wolfgang von Goethe 1749 - 1832

Jedes Wort hat eine eigene Melodie.
Sie besteht aus dem Wechsel von betonten (**I**) und unbetonten Silben (_).

■ ***Lies die folgenden dreisilbigen Wörter und klatsche die Silben.***
***Klatsche die betonte Silbe (I) stärker als die unbetonten (_) Silben:*** *all- ge-* ***mein*** (_ _ **I**)

| | | | | | | | | | | | |
|---|---|---|---|---|---|---|---|---|---|---|---|
| _ | _ | **I** | _ | _ | **I** | _ | _ | **I** | _ | _ | **I** |
| Dis- | ko- | **thek**, | Bä- | cke- | **rei**, | Pa- | ra- | **dies**, | al- | ler- | **dings**, |
| _ | _ | **I** | _ | _ | **I** | _ | _ | **I** | _ | _ | **I** |
| ins- | ge- | **samt**, | ab- | so- | **lut**, | mit- | ten- | **drin**, | A- | na- | **päst**. |

Bei jedem dieser Wörter sind die **ersten zwei Silben unbetont. Der Ton liegt auf der letzten Silbe.**
Es ist ein **Anapäst (_ _ I).**

**Der Anapäst (_ _ I) im Gedicht**

**Beispiel:** die ersten vier Zeilen aus Goethes Gedicht **„Hochzeitslied"**:

### Hochzeitslied

| | | | | | | | | | | |
|---|---|---|---|---|---|---|---|---|---|---|
| _ | **I** | _ | _ | **I** | _ | _ | **I** | _ | _ | **I** |
| Wir | **sin-** | gen | und | **sa-** | gen | vom | **Gra-** | fen | so | **gern**, |
| _ | **I** | _ | _ | **I** | _ | _ | **I** | _ | | |
| der | **hier** | in | dem | **Schlos-** | se | ge- | **hau-** | set, | | |
| _ | **I** | _ | _ | **I** | _ | _ | **I** | _ | _ | **I** |
| da | **wo** | ihr | den | **En-** | kel | des | **se-** | li- | gen | **Herrn**, |
| _ | **I** | _ | _ | **I** | _ | _ | **I** | _ | | |
| den | **heu-** | te | ver- | **mähl-** | ten, | be- | **schmau-** | set. | | |

■ ***Achte auf die Folge von zwei unbetonten (_ _) Silben und einer betonten (I) Silbe!***

■ ***Sammle dreisilbige Wörter nach dem Muster des Anapäst! Es dürfen auch Wortgruppen sein.***

■ ***Schreibe auch Gedichte nach diesem Muster!***
***Sieh dir hierzu die beiden Beispielreime an.***

**Beispiele:**

Metzger**ei**
aller**lei**
Weck und W**urst**
macht dir D**urst**.
Hier hilft n**ur**
Schlankheitsk**ur**

Parad**ies** –
ohne K**ies**
fänd ich m**ies**!
Immer**hin**,
Weg dort**hin**
führt zum T**od**.
Sapper**lot**!

# DER PAARREIM (aa bb) Christian Morgenstern 1871 - 1914

Viele Gedichte **reimen sich am Ende der Zeile.** Es gibt **unterschiedliche Endreime.**
**Beispiel: der Paarreim**

Christian Morgenstern

**Der Lattenzaun**

Es war einmal ein Latten**zaun**, a
mit Zwischenraum, hindurchzusch**aun**. a
Ein Architekt, der dieses s**ah**, b
stand eines Abends plötzlich d**a** - b
und nahm den Zwischenraum her**aus** c
und baute draus ein großes H**aus**. c
Der Zaun indessen stand ganz d**umm**, d
mit Latten ohne was her**um**. d
Ein Anblick grässlich und gem**ein**. e
Drum zog ihn der Senat auch **ein**. e
Der Architekt jedoch entfl**oh** f
nach Afri - od. Ameri**ko**. f

**Beispiele:**

Für 'n Tr**aum**
kein R**aum**?
Der G**eist**
vergr**eist**!

a
a
b
b

Berl**iner**
Mediz**iner**
h**eilen**
bisw**eilen**.

Das H**erz**
spürt Schm**erz**,
für D**iebe**
gibt's H**iebe**.

**Ehrlich**
ist beschw**erlich**,
doch betr**ügen**
kein Vergn**ügen**!

a
a
b
b

Mann vom Z**oll**,
würdev**oll**,
prüft Gep**äck**
als Lebenszw**eck**.

■ ***Schreibe Paarreimgedichte nach diesem Muster!***

# DER KREUZREIM (ab ab) Rainer Maria **Rilke** 1875 -1926

Viele Gedichte **reimen sich am Ende der Zeile.** Es gibt **unterschiedliche Endreime.**
**Beispiel: der Kreuzreim**

Rainer Maria Rilke
**Der Panther**

Sein Blick ist vom Vorübergehn der St**äbe** a
so müd' geworden, dass er nichts mehr h**ält.** b
Ihm ist, als ob es tausend Stäbe g**äbe** a
und hinter tausend Stäben keine W**elt.** b

Der weiche Gang geschmeidig starker Schr**itte,** a
der sich im allerkleinsten Kreise dr**eht,** b
ist wie ein Tanz um Kraft um eine M**itte,** a
in der betäubt ein großer Wille st**eht.** b

Nur manchmal schiebt der Vorhang der Pup**ille** a
sich lautlos auf. – Dann geht ein Bild hin**ein,** b
geht durch der Glieder angespannte St**ille** – a
und hört im Herzen auf zu s**ein.** b

**Beispiele:**

Die St**unde** a
der Wahr**heit:** b
Bef**unde** a
voll Klar**heit!** b

Wester**wald** a
mit B**äumen:** b
Aufenth**alt** a
zum Tr**äumen!** b

Im F**all** a
der F**älle:** b
zum B**all** a
mit Kap**elle!** b

Der H**err** a
der R**inge:** b
Gez**err** a
und Ges**inge!** b

■ ***Schreibe Kreuzreimgedichte nach diesem Muster!***

## DER KLAMMERREIM (a bb a) Johann Wolfgang von Goethe 1749 - 1832

Viele Gedichte **reimen sich am Ende der Zeile**. Es gibt **unterschiedliche Endreime**.
**Beispiel: der Klammerreim**

Als Beispiel Vers drei aus Goethes Gedicht **„Beherzigung“**:

Johann Wolfgang von Goethe

**Beherzigung**

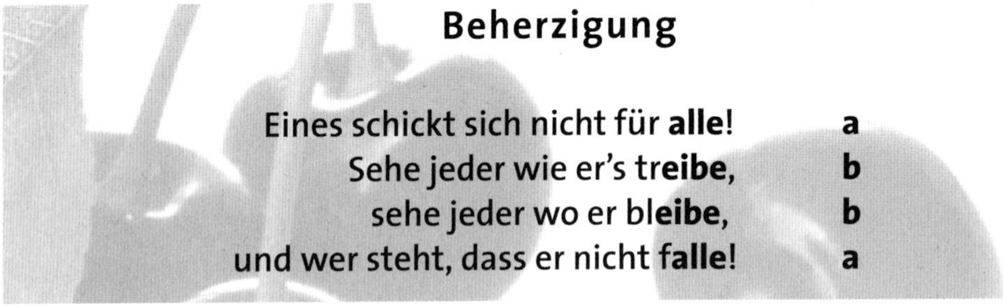

Eines schickt sich nicht für **alle**! **a**
Sehe jeder wie er’s tr**eibe**, **b**
sehe jeder wo er bl**eibe**, **b**
und wer steht, dass er nicht **falle**! **a**

**Beispiele:**

Auf Martini**que**
war ich im Z**oo**
und fing ’nen Fl**oh**.
Ein Missgesch**ick**!

Ein Leop**ard**
beim Fr**essen**
in H**essen**
wird angest**arrt**.

Die Schl**ange**,
die z**ischt**
und entw**ischt**,
macht B**ange**.

Das G**old**
war in der K**iste**,
die ich verm**isste**.
Ich zog den C**olt**!

Auf der Th**emse**
fährt ein K**ahn**
aus Kasachst**an**.
Stopp! Br**emse**!

Ein Ged**icht**
aus deiner F**eder**.
Da sagt **jeder**:
„Schlecht ist’s n**icht**.“

a

b

b

a

■ ***Schreibe Klammerreime nach diesem Muster!***

# DER HAUFENREIM (aaaa) Gottfried Keller 1819 - 1890

Viele Gedichte **reimen sich am Ende der Zeile.** Es gibt ganz unterschiediche **Endreime.**
**Beispiel: der Haufenreim**

Gottfried Keller

**Abendlied**

Augen, meine lieben Fenster**lein**, a
gebt mir schon so lange holden Sch**ein**, a
lasset freundlich Bild um Bild her**ein**: a
Einmal werdet ihr verdunkelt s**ein**! a

Fallen einst die müden Lider **zu**, b
löscht ihr aus, dann hat die Seele R**uh**; b
tastend streift sie ab die Wandersch**uh**, b
legt sich auch in ihre finstre Tr**uh**. b

Noch zwei Fünklein sieht sie glimmend st**ehn**, c
wie zwei Sternlein, innerlich zu s**ehn**, c
bis sie schwanken und dann auch verg**ehn** c
wie von eines Falters Flügelw**ehn**. c

Doch noch wandl ich auf dem Abendf**eld**, d
nur dem sinkenden Gestirn ges**ellt**; d
trinkt, o Augen, was die Wimper h**ält**, d
von dem goldnen Überfluss der W**elt**! d

**Beispiele:**

a

Ein Jur**ist**
braucht beim Zw**ist**
viel L**ist**
für die Galgenfr**ist**,
sonst: M**ist**!

a

Adjut**ant**,
arrog**ant**,
eleg**ant**,
ist gesp**annt**
auf Diam**ant**
vom Vers**and**.

a

Elisab**eth**,
adr**ett**,
hon**ett**,
kok**ett**
und n**ett**,
schreibt Klos**ett**
mit Esz**ett**.

a

Admir**al**
kam einm**al**
ins Lok**al**
zum Mittagsm**ahl**,
schmeckte sch**al**,
katastroph**al**:
gab Skand**al**!

Ein B**all**
im St**all**
macht beim F**all**
Kraw**all**

■ ***Schreibe Haufenreim-Gedichte nach diesem Muster!***

# DER STABREIM (ALLITERATION) Wolf **Buchinger** geb. 1943

Unsere Vorfahren, die Germanen, lernten den **Endreim** erst von den Römern.
Sie selbst dichteten im **Stabreim**, das heißt: Die reimenden Wörter begannen mit demselben Buch**stab**en.
Das erkennt man heute noch an Ausdrücken wie: **T**ür und **T**or, **R**oss und **R**eiter, **M**ann und **M**aus, **St**umpf und **St**iel, **W**ind und **W**etter, **B**rot und **B**utter usw.

Wolf Buchinger

**dichterlesung**

wuchtig wundersame worte
göttlich geniale geschichte
hehre heilige helden
dreifach drapierte dialoge
satte steigende spannung
wirklich wichtiges werk

zehn zuhörer zeigen
immerhin intimes interesse
am alten anorak
des dichters.

■ ***Suche Wörter, die zu einem bestimmten Thema passen und die mit demselben Buchstaben beginnen!***

**Beispiele:**

**Winter**
**w**ohlige **W**ärme
**w**underbar **wei**ße **W**eihnacht
**gr**oßzügige **G**eschenke

**Basketball**
**b**egeisternder **B**asketball
**m**ächtige **M**eister-**M**annschaft
**k**unstvoller **K**orbwurf

**Einkauf**
**g**efüllter **G**eldbeutel
**k**omfortable **C**omputer-**K**onsole
**l**eichter **L**aptop
**sp**annende **Sp**iele

**Schule**
**l**auter **l**ustige **L**ehrer
**kl**eine **Kl**assen
**l**ebenslanges **L**ernen
**sch**öner **Sch**ein

■ ***Schreibe mit solchen Stabreimen ein Gedicht! Ein Beispiel ist das folgende Schülergedicht.***

Sarah

**Sommer**

**w**underbar **w**arme **W**ochen
**b**unt **bl**ühende **Bl**umen
**gr**ün **gl**änzende **G**räser
**s**anft **s**ummende Schmetterlinge
**l**eise **l**ockere **L**uft

# DAS AKROSTICHON Friedrich von Logau 1604 - 1655

Wenn die **Buchstaben eines Wortes** als **Anfangsbuchstaben für neue Wörter** dienen, dann entsteht ein **Akrostichon**.

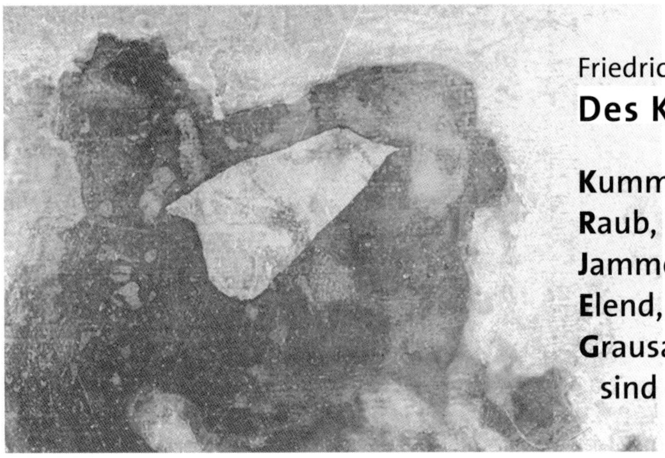

Friedrich von Logau

**Des KRIEGES Buchstaben**

**K**ummer, der das Mark verzehret,
**R**aub, der Hab und Gut verheeret,
**J**ammer, der den Sinn verkehret,
**E**lend, das den Leib beschweret,
**G**rausamkeit, die Unrecht lehret,
sind die Frucht, die Krieg gewähret.

■ ***Denke dir einen Begriff aus, z. B.: Gewalt, Liebe usw. Bilde davon ein Akrostichon!***

**Beispiel:** Die Buchstaben der **GEWALT**

**G**rausamkeit, die Unrecht lehret,
**E**lend, das den Leib beschweret,
**W**ut und Schmerz, die uns verbittern,
**A**ngst und Not, wovor wir zittern,
**L**ug und Trug, wovon wir schweigen,
**T**yrannei, der wir uns beugen:
Dünkel als der letzte Halt
sind die Zeichen der **GEWALT**.

■ ***Bilde ein Akrostichon mit deinem Namen!***

Es eignen sich **Substantive, Verben und Adjektive. Es kann auch ein Satz sein.**

**Beispiele:**

| SUBSTANTIVE | VERBEN | ADJEKTIVE | SATZ |
|---|---|---|---|
| **S**port | **d**enken | **n**eugierig | **M**aria |
| **O**bacht | **a**bnehmen | **i**ntelligent | **a**rbeitet |
| **P**ünktlichkeit | **n**aschen | **k**lein | **r**egelmäßig |
| **H**erz | **i**nteressieren | **l**ustig | **i**m |
| **I**ntelligenz | **e**ssen | **a**lbern | **A**kkord |
| **E**nergie | **l**eben | **s**orgfältig | |

■ ***Wenn du dir ein Akrostichon mit dem Namen deiner Freundin oder deines Freundes ausdenkst, es aufschreibst und verzierst, hast du ein schönes Geschenk!***

Mit der **Anordnung der Buchstaben** verrät **Ernst Jandl** den Inhalt des Gedichts.

Ernst Jandl

**peter frißt seinen weg ins schlaraffenland**

petermilchbreiberg
etermilchbreiberg
terplchbreiberg
ertepchbreiberg
retephbreiberg
retepbreiberg
mretepreiberg
miretepeiberg
milretepiberg
milcretepberg
milchreteperg
milchbreteprg
milchbrretepg
milchbreretep
milchbreiretep
milchbreibretpe
milchbreiberepet
milchbreiberrpete
milchbreibergpeter

**Beispiel:** die Schule durchlaufen

**Markus erreicht den Schulabschluss**

markusgesamtschule
gmarkusesamtschule
gemarkussamtschule
gesmarkusamtschule
gesamarkusmtschule
gesammarkustschule
gesamtmarkusschule
gesamtsmarkuschule
gesamtscmarkushule
gesamtschmarkusule
gesamtschumarkusle
gesamtschulmarkuse
gesamtschulemarkus

■ ***Schreibe ein Gedicht in dieser Art! Ein Beispiel siehst du neben dem Gedicht von Ernst Jandl.***

**Andere Themen:**

– ein Buch durchlesen
– ein Problem erfassen
– den Amazonas durchschwimmen
– China bereisen
– die Mathematik verstehen

■ ***Zeige in deinem Gedicht, wie etwas durchdrungen wird!***

**Timm Ulrichs** verrät in **„ebbe – flut“** den Inhalt des Gedichts durch die **Anordnung der Wörter**.

Timm Ulrichs

## ebbe – flut

ebbeebbeebbeebbeebbe
ebbeebbeebbeebbe flut
ebbeebbeebbe flutflut
ebbeebbe flutflutflut
ebbe flutflutflutflut
flutflutflutflutflut
ebbe flutflutflutflut
ebbeebbe flutflutflut
ebbeebbeebbe flutflut
ebbeebbeebbeebbe flut
ebbeebbeebbeebbeebbe
ebbeebbeebbeebbe flut
ebbeebbeebbe flutflut
ebbeebbe flutflutflut
ebbe flutflutflutflut
flutflutflutflutflut
ebbe flutflutflutflut
ebbeebbe flutflutflut
ebbeebbeebbe flutflut
ebbeebbeebbeebbe flut
ebbeebbeebbeebbeebbe
ebbeebbeebbeebbe flut
ebbeebbeebbe flutflut
ebbeebbe flutflutflut
ebbe flutflutflutflut
flutflutflutflutflut
ebbe flutflutflutflut
ebbeebbe flutflutflut
ebbeebbeebbe flutflut
ebbeebbeebbeebbe flut
ebbeebbeebbeebbeebbe
ebbeebbeebbeebbe flut
ebbeebbeebbe flutflut
ebbeebbe flutflutflut
ebbe flutflutflutflut
flutflutflutflutflut
ebbe flutflutflutflut
ebbeebbe flutflutflut
ebbeebbeebbe flutflut
ebbeebbeebbeebbe flut
ebbeebbeebbeebbeebbe
ebbeebbeebbeebbe flut
ebbeebbeebbe flutflut
ebbeebbe flutflutflut
ebbe flutflutflutflut
flutflutflutflutflut

**Vieles im Leben läuft gleichförmig ab:**

- Jahreszeiten
- Tagesablauf
- Schulwoche
- Schuljahr
- Wachstum usw.

■ ***Schreibe ein ähnliches Gedicht über etwas, das sich immer wiederholt!***

**Beispiel:**

**Die Woche Die Woche Die Woche Die Woche Die Woche Die Woche Die Woche**

wachenwachenwachenwachen fernsehenfernsehen schlafenschlafenschlafenschlafen
wachenwachenwachenwachen fernsehenfernsehen schlafenschlafenschlafenschlafen
wachenwachenwachenwachen fernsehenfernsehen schlafenschlafenschlafenschlafen
wachenwachenwachenwachen fernsehenfernsehen schlafenschlafenschlafenschlafen
wachenwachenwachenwachen fernsehenfernsehenfernsehen schlafenschlafenschlafen
schlafenschlafenwachenwachen fernsehenfernsehenfernsehen schlafenschlafenschlafen
schlafenschlafenwachenwachen fernsehenfernsehen schlafenschlafenschlafenschlafen

Manchmal kann man mit einer **Reihenfolge** von wenigen Worten viel sagen.

■ ***Wenn du schon etwas über den II. Weltkrieg gelernt hast, kannst du Ernst Jandls Gedicht sicher leicht verstehen.***

Ernst Jandl

**markierung einer wende**

| 1944 | 1945 |
|---|---|
| krieg | krieg |
| krieg | krieg |
| krieg | krieg |
| krieg | krieg |
| krieg | mai |
| krieg | |
| krieg | |
| krieg | |
| krieg | |
| krieg | |
| krieg | |
| krieg | |

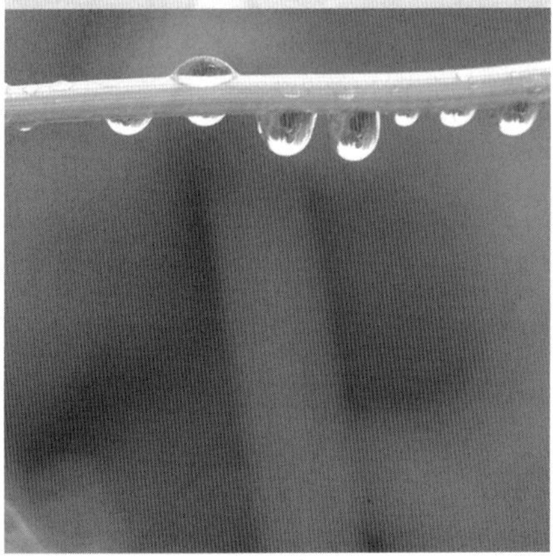

■ ***Hier siehst du einige Gedichte von Schülern, in denen eine Reihenfolge ebenfalls überraschend endet.***

**Beispiele:**

Cécile

LEBENLEBENLEBENLEBENLEBENLEBENLEBENLEBEN
LEBENLEBENLEBENLEBENLEBENLEBENLEBEN
LEBENLEBENLEBENLEBENLEBENLEBEN
LEBENLEBENLEBENLEBENLEBEN
LEBENLEBENLEBENLEBEN
LEBENLEBENLEBEN
LEBENLEBEN
LEBEN
TOD
LEBEN
LEBENLEBEN
LEBENLEBENLEBEN
LEBENLEBENLEBENLEBEN
LEBENLEBENLEBENLEBENLEBEN
LEBENLEBENLEBENLEBENLEBENLEBEN
LEBENLEBENLEBENLEBENLEBENLEBENLEBEN
LEBENLEBENLEBENLEBENLEBENLEBENLEBENLEBEN

Annette

Schule
Schule
Schule
Schule
Schule
Samstag

Eva

**1961**
MAUER
MAUER
MAUER
MAUER
MAUER
MAUER
MAUER
MAUER
MAUER
MAUER
MAUER
MAUER
MAUER
MAUER
MAUER
MAUER
MAUER
MAUER
MAUER
MAUER
MAUER
MAUER
MAUER
MAUER
MAUER
MAUER
MAUER
**1989**

**Es gibt noch andere solcher Reihenfolgen:**

lesen – schlafen
trinken – Unfall
lernen – Primus
telefonieren – pleite

■ ***Dir fallen sicher auch einige ein!***
***Schreibe ein Gedicht mit einer Reihung und einem überraschenden Schluss!***

Manche Menschen sind so ordentlich, dass es einem auf die Nerven geht.
Um eine Ordnung zu stören, reicht es **Timm Ulrichs**, zwei Buchstaben umzustellen.

Timm Ulrichs

**ordnung – unordnung**

ordnung ordnung
ordnung ordnung
ordnung ordnung
ordnung ordnung
ordnung ordnung
ordnung unordn g
ordnung ordnung
ordnung ordnung
ordnung ordnung
ordnung ordnung
ordnung ordnung

■ ***Jetzt bist du an der Reihe!***
***Ändere nur Buchstaben, und es ändert sich die Aussage.***

**Beispiele:**

| | | | | |
|---|---|---|---|---|
| | **allen** | | | |
| | gef**allen** | **hungern** | **o b e n** | |
| | gef**allen** | ungern | ↑ loben ↑ | |
| | gef**allen** | **hungern** | ↑ loben ↑ | Au**toren** |
| | gef**allen** | ungern | ↑ loben ↑ | Dok**toren** |
| | gef**allen** | **hungern** | ↑ loben ↑ | Inves**toren** |
| **OTTO**S | gef**allen** | ungern | ↑ loben ↑ | Agita**toren** |
| M**OTTO**: | gef**allen** | **hungern** | ↑ loben ↑ | Dikta**toren** |
| L**OTTO** | gef**allen** | ungern | ↑ loben ↑ | **Toren** |

■ ***Suche andere Wörter, in denen du durch Umstellen oder Weglassen von Buchstaben den Sinn änderst!***

**Beispiele:** sp**rudel**n, **trudel**n
agita**tor**isch, dikta**tor**isch, emanzipa**tor**isch, reforma**tor**isch, zivilisa**tor**isch
kl**irre**n, schw**irre**n, fl**irre**n, verw**irre**n
schw**eigen**, z**eigen**, n**eigen**, st**eigen**, F**eigen**, G**eigen**, R**eigen**
usw.

■ ***Denke dir eigene Wörter aus und schreibe sie in dieser Form auf!***

Hast du dich schon einmal darüber geärgert, dass immer dieselben Leute im Mittelpunkt stehen? **Hans Manz** zeigt durch die **Anordnung** der Namen, wie Freundschaften oft in Wirklichkeit aussehen.

Hans Manz
## Fünf Freundinnen

BRIGITTE
A U
R G
B **INGE** E
A N
R I
AMBROSIA

**Andere Gruppen:** die Spieler von Borussia Dortmund, deine Jugendgruppe, deine Familie.

- ***Stelle die Gruppen so dar, dass man ihre Struktur erkennt!***

  **Beispiel:** meine Klasse

| | | | | | | | | | | | | | | |
|---|---|---|---|---|---|---|---|---|---|---|---|---|---|---|
| | | A | | I | R | I | N | A | | | | | | |
| | | N | | N | | | I | | | | | | | |
| | | N | | G | | | N | | | | | J | | |
| | S | A | R | A | | K | A | M | I | L | L | A | | |
| | A | | | | | | S | | | | | Q | | |
| | R | E | B | E | C | C | A | | | | | U | | |
| J | A | N | | | H | | S | | | | | E | | |
| E | H | | | | R | | C | | | | | L | | |
| S | | | | M | I | C | H | E | L | | T | I | M | O |
| S | | | | | S | M | A | D | I | | | N | | |
| I | | | | | T | | | | | | | E | | |
| C | | | | S | O | E | R | E | N | | | | | |
| A | | | | | P | | | | | | | | | |
| | | | | C | H | R | I | S | | | | | | |
| | | | | M | E | I | K | E | | | | | | |
| | | | | | R | | | L | E | N | A | | | |
| | | | | | | | | I | | | | | | |
| | | | | | | | | N | | | | | | |
| | | | | | | | N | A | D | I | N | E | | |

- ***Stelle auch andere Gruppen dar!***

# Reinhard **Döhl** geb. 1934

Da steckt der Wurm drin – im Apfel nämlich.
Das erkennt man erst auf den zweiten Blick.
So gut sind die **Verstecke** in der konkreten Poesie von **Reinhard Döhl** gewählt.
Man muss zweimal hinschauen – wie vom Dichter gewollt.

.pfelApfel.pfelApfelA
pfelApfelApfelApfelApfelApfe
ApfelApfelApfelApfelApfelApfelAp
elApfelApfelApfelApfelApfelApfelApf
ofelApfelApfelApfelApfelApfelApfelApfe
pfelApfelApfelApfelApfelApfelApfelApfel
pfelApfelApfelApfelApfelApfelApfelApfelA
pfelApfelApfelApfelApfelApfelApfelApfelA
ApfelApfelApfelApfelApfelApfelApfelApfe
pfelApfelApfelApfelApfelApfelApfelApfelA
felApfelApfelApfelApfelWurmApfelApfe
lApfelApfelApfelApfelApfelApfelApfe
ApfelApfelApfelApfelApfelAp
felApfelApfelApfelApfelApfe
felApfelApfelApfel

■ ***Schreibe in dieser Art:*** Huhn (Ei), Brot (Mehl), Wüste (Sand) usw.

**Beispiele:**

Hellen

Milch Milch Milch Milch Milch Milch
Milch Milch Milch Milch Milch Milch
Milch Milch Milch Milch Milch Milch
Milch Milch Milch Milch Milch Milch
Milch Milch Milch Milch Milch Milch
Milch Milch Milch Milch Milch Milch
Milch Milch Milch Milch Milch Milch
Milch Milch Milch Milch Milch Milch
Milch Milch Milch Milch Milch Milch
Milch Milch Milch Milch MilchMilchMilch
Milch Milch Milch Milch Milch Milch
Milch Milch Milch Milch Milch Milch
Milch Milch Milch Milch Milch Milch
Milch Milch Milch Milch Milch Milch
Milch Milch Milch Milch Milch Milch
Milch Milch Milch Milch Milch Milch
Milch Milch Milch Milch Milch Milch
Milch Milch Milch Milch Milch Milch
Milch Milch MilchMilchMilch Milch Milch

WASSERWASSERWASSER WASSERWASSER
WASSERWASSERWASSER WASSERWASSER
WASSERWASSERWASSER WASSERWASSER
WASSERWASSERWASSER WASSERWASSER
WASSERWASSERWASSER WASSERWASSER
WASSERWASSERWASSER WASSERWASSER
WASSERWASSERWASSER WALWALWASSER
WASSERWASSERWASSER WASSERWASSER
WASSERWASSERWASSER WASSERWASSER

■ ***Schreibe ein eigenes Gedicht, in dem man eine überraschende Entdeckung macht!***

Manchmal kann man an der **Form eines Wortes** schon erkennen, was das Wort bedeutet.

- ***Es kommt auf deinen Einfall an!***
  ***Der Computer kann dir mit seinen Schriften helfen.***

- ***Denke dir ein Wort aus und schreibe es in ähnlicher Art!***

Manchmal kann man an der **Form eines Wortes** schon erkennen, was das Wort bedeutet.

- ***Es kommt auf deinen Einfall an!***
  ***Der Computer kann dir mit seinen Schriften helfen.***

s p r i n g e n

**tren nen**

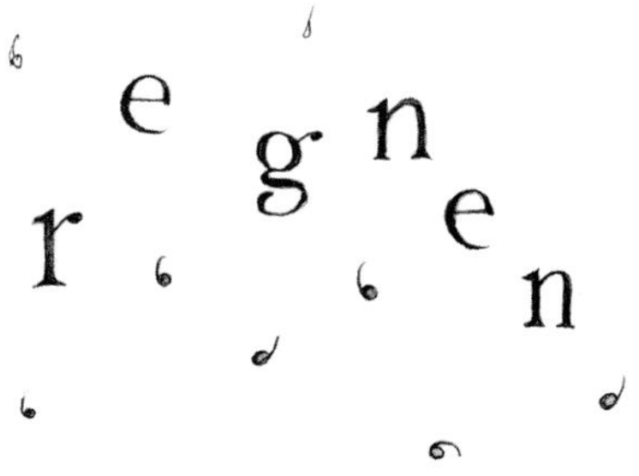


ärrrrgern

f llen
a

zööööööögern

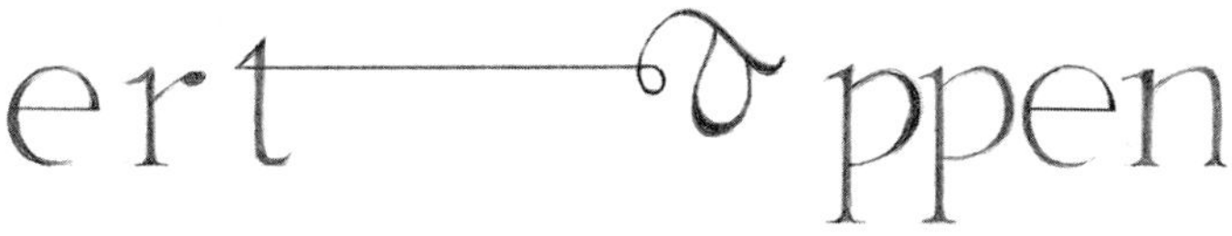


**Andere geeignete Verben:** steigen, schreien, heben, schneien, versinken, angeln usw.

- ***Denke dir ein Verb aus und schreibe es in ähnlicher Art!***

Manchmal braucht man nur einen **Buchstaben durch** ein **Zeichen** zu ersetzen, um zu zeigen, was das Wort bedeutet.

■ ***Schreibe doch einmal nicht wie gewöhnlich „LUPE", sondern „LU🔍E".***
***Der Computer kann dir mit seinen Schriften helfen.***

**Beispiele:**

LUPE —>
JURIST —>
PFEIL —>
TANNE —>
BOMBE —>
EURO —>
FLASCHEN —>
TOD —>
MUSIK —>
PROZENT —>
WURST —>

■ ***Denke dir eigene Wörter aus, in denen du einen Buchstaben durch ein passendes Symbol ersetzt!***
***Schreibe sie auf dem Computer!***

**Der Computer unterstützt dich.**

| | | | | | |
|---|---|---|---|---|---|
| ***Suche bei:*** | Einfügen | > | Symbol | > | Wingdings |
| ***oder bei:*** | Einfügen | > | Symbol | > | Webdings |
| ***oder bei:*** | Einfügen | > | Grafik | > | Clip Art |

Das folgende Gedicht enthält keine Mathematikaufgabe, sondern eine **Sprachspielerei.**

Hans Manz

**Achterbahnträume**

**8**
W**8**soldaten
bew**8**en
W**8**eln in Sch**8**eln
und l**8**en:
„Auf der W**8**,
um Mittern**8**
werden Feuer entf**8**
und die W**8**eln geschl**8**et.
Wir haben lange genug
geschm**8**et."
„**8**ung!",
d**8**en die W**8**eln,
„wir öffnen mit Sp**8**eln
die Sch**8**eln,
denn der Verd**8**,
dass man uns tot m**8**,
ist angebr**8**."
Und sie entflogen s**8**
abends um **8**.

■ ***Suche Wörter, in denen die 1 versteckt ist!***

**Beispiele:** des B**1**, des Schw**1**, des St**1**, Einmal**1**, handels**1**, un**1**, unser**1**, des Töchterl**1**, irgend**1**, d**1**, des Blümel**1**, des Engel**1**, des Esel**1**, des Lat**1**, des Rh**1**, des Stelldich**1**, des Ver**1**

■ ***Schreibe ein Gedicht!***

**Beispiel:**

In der Stadt M1
am Ufer des Rh1,
wird Bauer H1
schnell handels1
beim Kauf des Schw1
...

***Am Sinn und an der Rechtschreibung darfst du nicht 2feln.***

■ ***Suche andere Wörter, in denen Zahlen stecken, und schreibe Gedichte!***

Wenn man eine **Treppe** hinabgestiegen ist, erlebt man oft eine Überraschung.

Meine<br>
Meine Freundin<br>
Meine Freundin Sophie<br>
Meine Freundin Sophie kommt<br>
Meine Freundin Sophie kommt heute<br>
Meine Freundin Sophie kommt heute Abend<br>
Meine Freundin Sophie kommt heute Abend zu<br>
Meine Freundin Sophie kommt heute Abend zu unserer<br>
Meine Freundin Sophie kommt heute Abend zu unserer Party<br>
nicht

oder

Deine<br>
Deine Antwort<br>
Deine Antwort ist<br>
Deine Antwort ist auf<br>
Deine Antwort ist auf jeden<br>
Deine Antwort ist auf jeden Fall<br>
falsch

■ ***Denke dir einen ähnlichen Treppensatz aus, der mit einer Überraschung endet!***
***Schreibe ihn in dieser Form auf!***
***Wie wäre es mit folgendem Satz?***

Unsere Mannschaft hat das entscheidende Spiel um die Meisterschaft gewonnen<br>
verloren

■ ***Dir fallen aber sicher eigene Sätze ein. Schreibe sie auf!***

**Bruno Horst Bull** macht sich über die **Konjugation der Verben** – gekonnt – lustig.

Bruno Horst Bull

## Ich war ein schlechter Schüler

Als ich noch zur Schule gehte,
zählte ich bald zu den Schlauen,
doch ein Zeitwort recht zu biegen,
bringte immer Furcht und Grauen.

Wenn der Lehrer mich ansehte,
sprechte ich gleich falsche Sachen.
Für die andern Kinder alle
gebte das meist was zum Lachen.

Ob die Sonne fröhlich schiente,
oder ob der Regen rinnte,
wenn der Unterricht beginnte,
sitzte stets ich in der Tinte.

Ob ich schreibte oder leste,
Unsinn machtete ich immer,
und statt eifrig mich zu bessern,
werdete es nur noch schlimmer.

Als nun ganz und gar nichts helfte,
prophezieh mir unser Lehrer,
wenn die Schule ich verlasste,
wörde ich ein Straßenkehrer.

Da ich das nicht werden willte,
kommte ich bald auf den Trichter,
stak die Nase in die Bücher
und so werdete ich Dichter.

■ ***Bull konjugiert die Verben mit Absicht falsch: Starke Verben konjugiert er schwach. Das kannst du auch!***

**Beispiele:**
denkte, esste, trinkte, laufte, findete, sehte, gebte, giltete, hebte, helfte, ratete, schlafte, fährte, haltete, fliegte, steigte, riechte, schlagte, schneidete, singte, schwimmte, treffte, stehte, springte, ziehte.

■ ***Jetzt bist du an der Reihe! Sicher gelingt es dir jetzt auch, eine weitere Strophe in diesem Gedicht zu schreiben.***

**Beispiel:**

Wenn ich Hausaufgaben schreibte,
mich der Einfallsreichtum fliehte,
denkte lieber ich ans Spielen,
weil es mich zum Sportplatz ziehte.

■ ***Versuche es einmal mit falsch gesteigerten Adjektiven!***
(guter, am gutesten, hocher, zärter, armer usw.)
***Schreibe ein Gedicht!***

■ ***Schreibe ein Gedicht mit falschen Pluralformen!*** (die Blumer, die Bleistifter, die Lamper, die Bucher, die Tascher, die Brudern, die Schuler, die Baumer, die Vatern usw.)

Es gibt viele Maßnahmen, die Welt zu verbessern. **Erich Fried** hat einige aufgezählt.
Aber Vorsicht: Satire!

■ ***Dir fallen sicher noch weitere Maßnahmen ein, nachdem du das Gedicht gelesen hast!***

Erich Fried

## Die Maßnahmen

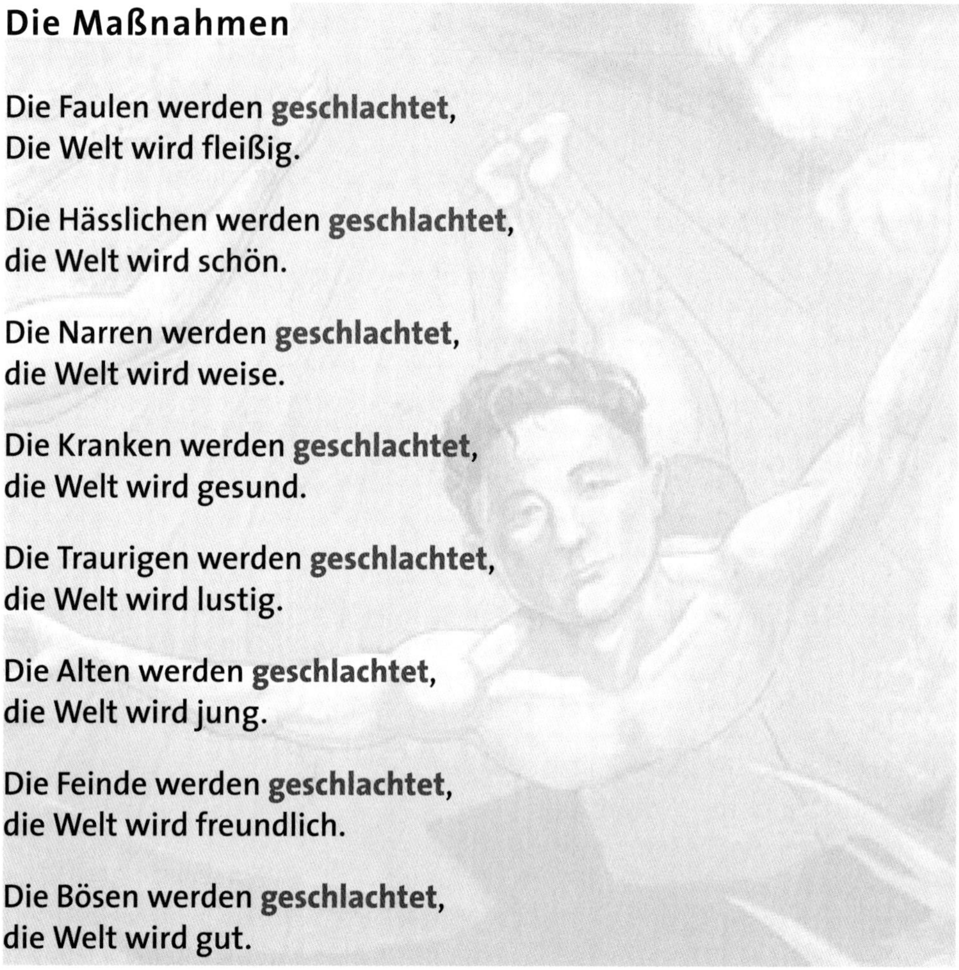

Die Faulen werden **geschlachtet,**
Die Welt wird fleißig.

Die Hässlichen werden **geschlachtet,**
die Welt wird schön.

Die Narren werden **geschlachtet,**
die Welt wird weise.

Die Kranken werden **geschlachtet,**
die Welt wird gesund.

Die Traurigen werden **geschlachtet,**
die Welt wird lustig.

Die Alten werden **geschlachtet,**
die Welt wird jung.

Die Feinde werden **geschlachtet,**
die Welt wird freundlich.

Die Bösen werden **geschlachtet,**
die Welt wird gut.

■ ***Jetzt bist du an der Reihe. Vervollständige die Zweizeiler!***

Die Ungläubigen werden geschlachtet,
die Welt ...

Die Schwachen ...
...

Die Tiere ...
... menschlich

Die ...

■ ***Denke dir Eigenschaften aus und verbessere die Welt durch Zweizeiler!***

**Hans A. Halbey** hat die Geräusche aufgeschrieben, die eine Stadt aufwecken.

Hans A. Halbey

## Kommt ein Tag in die Stadt

**Ein Wecker rasselt,
eine Teekanne zischt,
ein Regenguss prasselt,
eine Putzfrau wischt,
ein Briefkasten klappert,
ein Baby schreit,
eine Nachbarin plappert,
und ganz weit
quietscht eine Bahn in den Schienen.
So kommt ein Tag in die Stadt:
in die Stadt, die geschlafen hat,
im Dämmerlicht um halb sieben.**

- ***Du hast gewiss eigene Erfahrungen mit den Geräuschen am frühen Morgen. Was fällt dir zum Tagesbeginn ein? Schreibe zwei oder vier Zeilen, die das Gedicht ergänzen, und füge sie ein!***

**Beispiel:**

Ich müsste jetzt starten,
die Schule kann ...
...

- ***Schreibe ein ähnliches Gedicht mit einem anderen Thema!***

**Beispiel:**

Thorsten

**Kommt ein Tag in die Schule**

Der Gong ertönt,
der Schüler stöhnt,
gleich ist es acht,
jetzt gute Nacht.
Der Lehrer labert,
der Nebel wabert.

**Andere Themen:**

- Kommt ein Tag in mein Dorf
- Kommt die Nacht in die Disco
- Kommen die Gäste zum Geburtstag

**Die Zeiten ändern sich!** Das erkannte **Goethe** schon vor 200 Jahren!

■ ***Welche Veränderungen fallen dir in der heutigen Zeit ein?***

Johann Wolfgang von Goethe

**Hat alles seine Zeit**

**Das Nahe wird weit,**
**das Warme wird kalt,**
**der Junge wird alt,**

**das Kalte wird warm,**
**der Reiche wird arm,**
**der Narre gescheit.**
**Alles zu seiner Zeit.**

[ **Was gestern erdacht,**
**wird heute ...** ***Vervollständige!*** ]

■ ***Jetzt bist du an der Reihe. Schreibe zwei weitere Zeilen!***
***Diese Adjektive können dir bei deinen Zweizeilern helfen:***

| | | | | | | | |
|---|---|---|---|---|---|---|---|
| | | klar | | | | | kahl |
| | erdacht | wahr | | | klein | klein | fahl |
| | belacht | gar | | | fein | fein | schmal |
| | bewacht | rar | | stumm | rein | rein | frontal |
| wach | gemacht | polar | eng | dumm | allein | allein | genial |
| flach | gekracht | solar | streng | krumm | gemein | gemein | legal |
| | | | | | | | mental |
| | | | | | | | loyal |
| toll | nass | matt | schlecht | keck | leer | hell | real |
| voll | krass | platt | echt | weg | schwer | grell | schal |
| | | glatt | recht | | mehr | schnell | sozial |
| | | satt | | | hehr | generell | spezial |
| | | | | | her | kriminell | total |
| | | | | | quer | aktuell | vital |
| | | | | | | maschinell | |
| | | | | | | reell | |
| | | | | | | offiziell | |
| | | | | | | manuell | |

■ ***Schreibe Gedichte in Goethes Art mit gegensätzlichen Adjektiven!***

Urlaub ist zumindest am Anfang nicht immer mit Erholung verbunden.
**Hans A. Halbey** hat hier zusammengestellt, wie die Fahrt zum Urlaubsort beginnt.

Hans A. Halbey

## Urlaubsfahrt

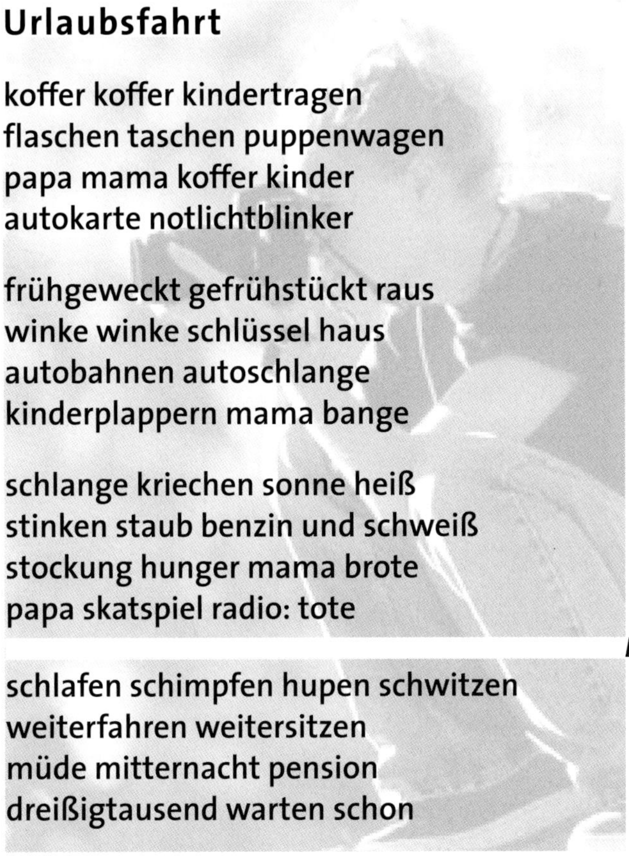

koffer koffer kindertragen
flaschen taschen puppenwagen
papa mama koffer kinder
autokarte notlichtblinker

frühgeweckt gefrühstückt raus
winke winke schlüssel haus
autobahnen autoschlange
kinderplappern mama bange

schlange kriechen sonne heiß
stinken staub benzin und schweiß
stockung hunger mama brote
papa skatspiel radio: tote

*Füge eine Strophe ein!*

schlafen schimpfen hupen schwitzen
weiterfahren weitersitzen
müde mitternacht pension
dreißigtausend warten schon

- ***Welche Wörter verbindest du mit der Urlaubsfahrt?***

**Beispiele:** Berge, Stau, Raststätte, Straßenatlas usw.

- ***Schreibe Reimwörter untereinander!***
***Füge mehrere Wörter aneinander und achte auf das richtige Versmaß!***
***Auf diese Weise kannst du eine weitere Strophe dichten.***

**Beispiel:**
walkman bonbons tennisschuhe
nico schläft jetzt endlich ruhe
berge staus der motor kocht
stopps hat papa nie gemocht

- ***Schreibe ein ähnliches Gedicht zu einem anderen Thema!***

  – Disco
  – Unterricht
  – Fußballplatz

**Gudrun Pausewang** hat zusammengestellt, was an Werbung täglich über uns hereinstürzt.

Gudrun Pausewang

## Werbung

Nimm **Persil** bei Naselaufen!
Katzen würden **Pampers** kaufen.
Mein **Pal**, dein **Pal**? – Na, na, na:
**Pal** ist für uns alle da!

Köstlich: **Bac** und **Dentabella**,
zubereitet mit **Sanella**!
Und bei Arbeit, Sport und Spiel,
was macht da mobil? – Nur **Pril**!

Bist verkalkt du, nimm **Calgon**,
doch vielleicht hilft **Duplo** schon.
**Ata**-Reisen: Schnell, die Buchung!
**Knorr** – die zarteste Versuchung ...

**Meister Proper**, Gott sei Dank,
packt dir **Schauma** in den Tank.
Und **Domestos** mit Aroma
gibt der Zahnarzt seiner Oma.

Koche nur mit **Kukident**!
Und wenn's dir im Magen brennt:
**Ajax**, **Esso**, **Kitekat** –
Ja, da weiß man, was man hat!

■ ***Jetzt bist du an der Reihe.***
***Suche Namen aus der Werbung und schreibe sie auf!***
***Ersetze dann die fett gedruckten Wörter durch andere, die vom Versmaß her passen!***

**Beispiel:**

Nimm **Fisherman's** bei Naselaufen,
Katzen würden **BigMäc** kaufen.
Mein **Shop**, dein **Shop**? – Na, na, na:
**Shop**ping ist für alle da.

Köstlich: **Uhu** und ...
doch ...

■ ***Denke dir eine eigene Strophe aus und schreibe sie auf!***

**Helmut Glatz** beobachtet sich selbst.

Helmut Glatz

## Weil ich bin

Ich atme ein, ich atme aus,
die Luft geht rein, die Luft geht raus.

Ich gehe vorwärts, Schritt für Schritt,
der eine Fuß geht mit dem andern mit.

Ich denke leise, so für mich:
Weil ich ich bin, bin ich ich.

- ***Wenn du dich in eine Ecke setzt, die Augen schließt und nachdenkst, findest du noch mehr, was auch auf dich zutrifft!***

- ***Jetzt bist du an der Reihe. Füge Zweizeiler in das Gedicht ein!***

**Beispiel:** Ich lese sorgsam Buch für Buch,
und finde dabei manchen ...

Ich spiele oft Computerspiele
...

- ***Was du außerdem tust!***
***Diese Verben können dir bei deinen Zweizeilern helfen.***

ich plane · ich träume · ich turne · ich reise · ich esse · ich lache · ich rede

- ***Schreibe weitere Strophen über dich!***

**Beispiel:** Ich lache gerne Tag für Tag,
weil ich nun mal gern lachen mag.

**„Leise zieht durch mein Gemüt“** ist ein romantisches Gedicht.

- ***Versuche die Stimmung zu erfassen.***
  ***Dann kannst du auswählen! In jeder Zeile hast du drei Möglichkeiten zur Auswahl.***
  ***Entscheide dich für das Wort, das deiner Empfindung am besten entspricht!***
  (RICHTIG oder FALSCH gibt es dabei nicht.)

Heinrich Heine

## Leise zieht durch mein Gemüt

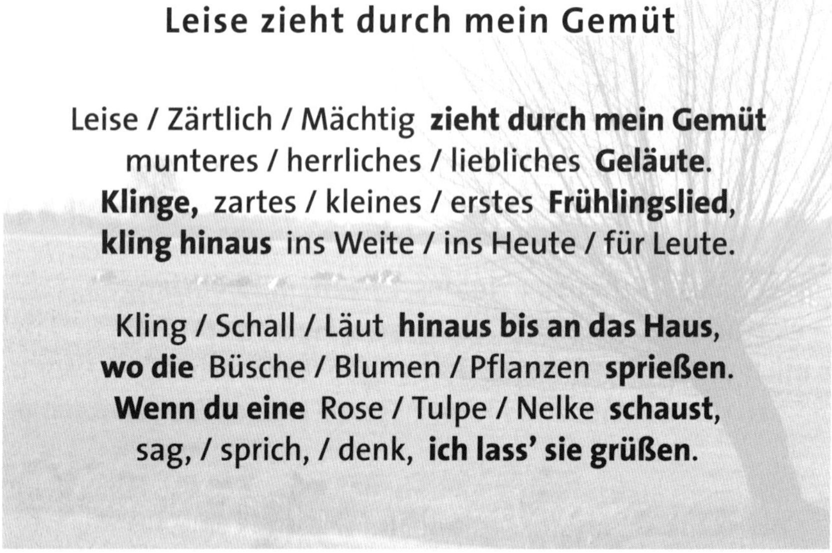

Leise / Zärtlich / Mächtig **zieht durch mein Gemüt**
munteres / herrliches / liebliches **Geläute.**
**Klinge,** zartes / kleines / erstes **Frühlingslied,**
**kling hinaus** ins Weite / ins Heute / für Leute.

Kling / Schall / Läut **hinaus bis an das Haus,**
**wo die** Büsche / Blumen / Pflanzen **sprießen.**
**Wenn du eine** Rose / Tulpe / Nelke **schaust,**
sag, / sprich, / denk, **ich lass' sie grüßen.**

- ***Schreibe deine Fassung auf!***
  ***Vergleiche mit deiner Nachbarin oder deinem Nachbarn!***
  ***Diskutiert die unterschiedlichen Ausdrücke und versucht, eine gemeinsame Fassung zu finden!***

Das ist das Original:

Heinrich Heine

**Frühling**

Leise zieht durch mein Gemüt
liebliches Geläute.
Klinge, kleines Frühlingslied,
kling hinaus ins Weite.
Kling hinaus bis an das Haus,
wo die Blumen sprießen.
Wenn du eine Rose schaust,
sag, ich lass' sie grüßen.

**„Meine Stadt“** ist das liebenswerte Porträt einer Stadt.

■ ***Vergleiche es mit deinem Wohnort! Wie siehst du ihn?***
***In jeder Zeile hast du vier Möglichkeiten zur Auswahl.***
***Entscheide dich für das Wort, das deiner Empfindung am besten entspricht!***
(RICHTIG oder FALSCH gibt es dabei nicht.)

Josef Reding

## Meine Stadt

**Meine Stadt ist oft** hässlich / schmutzig / lustig / grausig.
**Aber mein kleiner Bruder ist es auch, und ich mag ihn.**

**Meine Stadt ist oft** frech / doof / laut / schrill.
**Aber meine große Schwester ist es auch, und ich mag sie.**

**Meine Stadt ist** dunkel / mächtig / fröhlich / zornig **wie die Stimme meines Vaters**
**und** sanft / klar / mild / hell **wie die Augen meiner Mutter.**

**Meine Stadt und ich:**
**Wir sind** Kumpel, / Gegner, / Freunde, / Verwandte, **die sich kennen,**
**nicht flüchtig kennen, wie die von fernher,**
**die der Bürgermeister manchmal über**
die Hauptstraße / den Marktplatz / die Flussbrücke / den Schulhof **führt.**

**Er zeigt ihnen nicht** die Elendsviertel / die Hausruine / die Schutthalden / den Abwasserkanal.
**Warum sollte er?**

**Zu Hause führen wir auch unseren Besuch**
**in das** Wohnzimmer / Schlafzimmer / Kinderzimmer / Arbeitszimmer
**und lassen ihn mit unserem Mülleimer in Ruhe.**
**Aber** immer, / manchmal, / gelegentlich, / öfter, **bevor ich zur Schule gehe,**
**klopfe ich dem braven, grauen Müllkasten auf den Deckel,**
**dass er** heftig / lautstark / hörbar / fröhlich **klappert.**

**Und am Schuttfeld werfe ich grüßend einen Stein**
**auf die blitzende** Blechbüchse / Konservendose / Glasscheibe / Bildröhre **dahinten,**
**dass sie scheppert.**

■ ***Schreibe deine Fassung auf!***
***Vergleiche mit deiner Nachbarin oder deinem Nachbarn!***
***Diskutiert die unterschiedlichen Ausdrücke und versucht, eine gemeinsame Fassung zu finden!***

Das ist das Original:

Josef Reding

**Meine Stadt**

Meine Stadt ist oft schmutzig.
Aber mein kleiner Bruder ist es auch,
und ich mag ihn.
Meine Stadt ist oft laut.
Aber meine große Schwester ist es auch,
und ich mag sie.
Meine Stadt ist dunkel
wie die Stimme meines Vaters
und hell
wie die Augen meiner Mutter.
Meine Stadt und ich:
Wir sind Freunde, die sich kennen,
nicht flüchtig kennen,
wie die von fernher,
die der Bürgermeister
manchmal über die Hauptstraße führt.
Er zeigt ihnen nicht die Schutthalden.
Warum sollte er?
Zu Hause führen wir auch
unseren Besuch in das Wohnzimmer
und lassen ihn
mit unserem Mülleimer in Ruhe.
Aber manchmal,
bevor ich zur Schule gehe,
klopfe ich dem braven, grauen Müllkasten
auf den Deckel,
dass er fröhlich klappert.
Und am Schuttfeld werfe ich
grüßend einen Stein
auf die blitzende Konservendose
dahinten,
dass sie scheppert.

**Theo Weinobst** hat mit dem Alphabet einen ganzen Lebenslauf zusammengestellt.

Theo Weinobst
## Lebenslauf

**A**nfang
**B**aby
**C**reme
**D**aumen
**E**rfahrung
**F**ortschritt
**G**rundschule
**H**auptschule
**I**rrwege
**J**ugendsünden
**K**üsse
**L**iebe
**M**ann und Frau
**N**eureich
**O**rdnung
**P**osten
**Q**ualität
**R**astlosigkeit
**S**ommerhaus
**T**raumreise
**U**ntergang
**V**eralten
**W**arten
**X**
**Y**
**Z**entralfriedhof

■ ***Vervollständige das Gedicht nach dem Muster von Theo Weinobst!***

**Das liebe ich**

**A**
**B**
**C** – Computerspiele
**D** – Deutsch
**E**
**F**
**G** – Gedichte
**H**
**I**
**J**
**K**
**L**
**M**
**N**
**O**
**P**
**Q**
**R**
**S**
**T**
**U**
**V**
**W**
**X**
**Y**
**Z** – Zebras

■ ***Schreibe ein ähnliches Gedicht!***

**Mögliche Themen:**

Das verabscheue ich!
So ist Schule!
Das ist unser Urlaub!

# GEDICHTE VON SCHÜLERINNEN UND SCHÜLERN

Hier haben Schüler Gedichte über die **Freundschaft** geschrieben.

Jens

Freundschaft
ist wie die untergehende **Sonne**.
Sie schimmert
in allen Farben.
Sonnenuntergang gibt es
einmal am Tag,
Freundschaft immer.

■ ***Vergleiche die Freundschaft mit der Sonne, einer Achterbahn, einem Alien, dem Wetter, einem Sofa, einem Buch, dem Meer, einer Pflanze, einem Stern usw.!***
***Überlege genau, in welchen Punkten der Vergleich passt!***

■ ***Schreibe deinen Text als Gedicht!***

**Beispiele:**

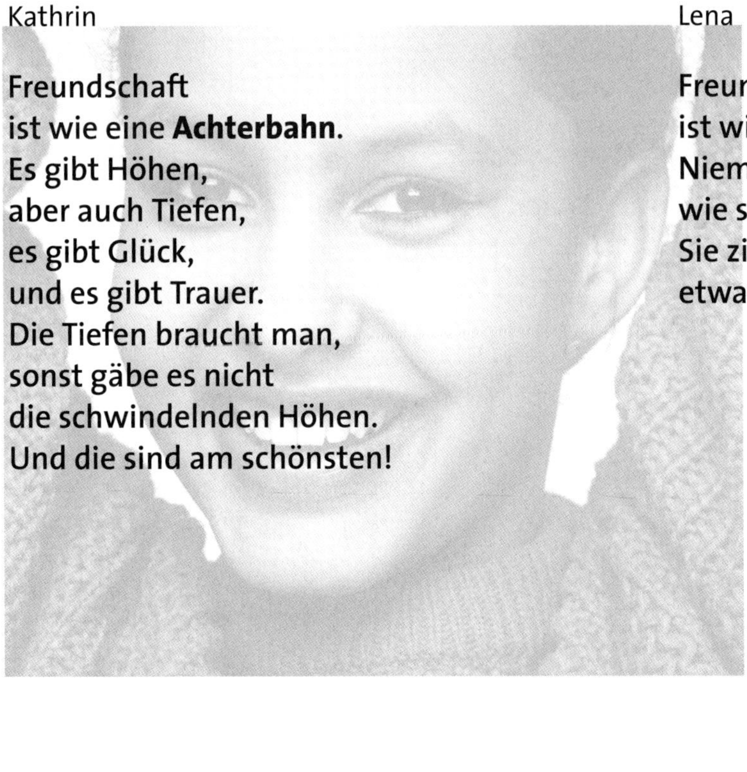

Kathrin

Freundschaft
ist wie eine **Achterbahn**.
Es gibt Höhen,
aber auch Tiefen,
es gibt Glück,
und es gibt Trauer.
Die Tiefen braucht man,
sonst gäbe es nicht
die schwindelnden Höhen.
Und die sind am schönsten!

Lena

Freundschaft
ist wie ein **Alien**.
Niemand weiß,
wie sie aussieht.
Sie zieht uns an:
etwas Außerirdisches!

**Ilse Kleberger** riecht, schmeckt und hört den Sommer!

Ilse Kleberger

## Sommer

Weißt du, wie der Sommer riecht?
Nach Birnen und nach Nelken,
nach Äpfeln und Vergissmeinnicht,
die in der Sonne welken,
nach heißem Sand und kühlem See
und nassen Badehosen,
nach Wasserball und Sonnenkrem,
nach Straßenstaub und Rosen.

Weißt du, wie der Sommer schmeckt?
Nach gelben Aprikosen
und Walderdbeeren, halb versteckt
zwischen Gras und Moosen,
nach Himbeereis, Vanilleeis
und Eis aus Schokolade,
nach Sauerklee vom Wiesenrand
und Brauselimonade.

Weißt du, wie der Sommer klingt?
Nach einer Flötenweise,
die durch die Mittagsstille dringt:
ein Vogel zwitschert leise,
dumpf fällt der Apfel in das Gras,
der Wind rauscht in den Bäumen,
ein Kind lacht hell,
dann schweigt es schnell
und möchte lieber träumen.

■ ***Jetzt bist du an der Reihe!***
***Schreibe ein ähnliches Gedicht über den Winter!***

**Beispiel:**

### Winter

Weißt du, wie der Winter riecht?
Nach Schnee und warmen Jacken,
nach Mehl und Milch und frischem Teig,
denn Mutter hat gebacken,
...
Weißt du, wie der Winter schmeckt?
Nach Marzipan und Stollen,
...
Weißt du, wie der Winter klingt?
Nach Glockenton und ...

■ ***Schreibe ähnliche Gedichte über den Frühling, deine Freizeit oder den Sonntag!***
***Du musst aber nicht unbedingt so viele Zeilen dichten wie Ilse Kleberger.***

Manche Leute sind kerngesund, aber sie bilden sich alle möglichen Krankheiten ein.
**Eugen Roth** beschreibt einen solchen Menschen.

Eugen Roth

## Der eingebildete Kranke

Ein Griesgram denkt mit trüber L**ist**,
er wäre krank. (was er nicht ..........!)
Er müsste nun, mit viel Verdr**uss**,
ins Bett hinein. (was er nicht ..........!)
Er hätte, sprach der Doktor gl**att**,
ein Darmgeschwür. (was er nicht ..........!)

Er soll verzichten, jammerv**oll**,
aufs Rauchen ganz (was er nicht ..........!)
und werde, heißt es unbe**irrt**,
doch sterben dran. (was er nicht ..........!)
Der Mensch könnt, als gesunder M**ann**,
recht glücklich sein, (was er nicht ..........!)
möcht glauben er nur einen T**ag**,
dass ihm nichts fehlt. (was er nicht ..........!)

■ ***Ergänze die Reimwörter und trage das Gedicht in dein Heft ein!***
***(Wenn du krank bist, lernst du das Gedicht auswendig! Dann wirst du sofort gesund!)***

Das ist das Original:

Eugen Roth
**Der eingebildete Kranke**

Ein Griesgram denkt mit trüber L**ist**,
er wäre krank. (was er nicht **ist**!)
Er müsste nun, mit viel Verdr**uss**,
ins Bett hinein. (was er nicht **muss**!)
Er hätte, sprach der Doktor gl**att**,
ein Darmgeschwür. (was er nicht **hat**!)

Er soll verzichten, jammerv**oll**,
aufs Rauchen ganz (was er nicht **soll**!)
und werde, heißt es unbe**irrt**,
doch sterben dran. (was er nicht **wird**!)
Der Mensch könnt, als gesunder M**ann**,
recht glücklich sein, (was er nicht **kann**!)
möcht glauben er nur einen T**ag**,
dass ihm nichts fehlt. (was er nicht **mag**!)

**Träume** kosten nichts, wenn man sie sich im Gedicht erfüllt.
Dein Gedicht soll **nur die fett gedruckte Zeile** enthalten.
Ansonsten ist deinem Einfallsreichtum keine Grenze gesetzt.

**Beispiel:**

| | | | | | | | |
|---|---|---|---|---|---|---|---|
| - | I | - | I | - | I | - | |
| **In** | **mei-** | **nen** | **schöns-** | **ten** | **Träu-** | **men** | **a** |
| - | I | - | I | - | I | | |
| be- | rei- | se | ich | die | Welt. | | **b** |
| - | I | - | I | - | I | - | |
| Ich | lie- | ge | un- | ter | Pal- | men | **c** |
| - | I | - | I | - | I | | |
| und | tu', | was | mir | ge- | fällt. | | **b** |

■ ***Suche dir aus, welchen Traum du dir erfüllen möchtest!***

- immer die Note 1 schreiben,
- mit dem Bundeskanzler/der Bundeskanzlerin Eis essen,
- fliegen können wie ein Vogel,
- 18 Jahre alt sein

usw.

■ ***Oder hast du ganz andere Träume? Schreibe ein Gedicht!***
***Achte auf Versmaß und Reim!***

**Beispiele:**

In meinen schönsten Träumen
bin ich ein Schlagerstar.
Ich geb' ein Openairkonzert –
mein Traum wird sicher wahr.

In meinen schönsten Träumen
gibt's den Computer-Clou:
Er macht die Hausaufgaben,
ich schau ihm dabei zu.

**Albträume** muss man nicht fürchten, wenn man sie im Gedicht festhält.
Dein Gedicht soll **nur die fett gedruckte Zeile** enthalten.
Ansonsten ist deinem Einfallsreichtum keine Grenze gesetzt.

**Beispiel:**

| | | | | | | | |
|---|---|---|---|---|---|---|---|
| - | **I** | - | **I** | - | **I** | - | |
| **In** | **mei-** | **nem** | **schlimms-** | **ten** | **Alb-** | **traum** | **a** |
| - | **I** | - | **I** | - | **I** | | |
| ver- | folgt- | ein | Räu- | ber | mich. | | **b** |
| - | **I** | - | **I** | - | **I** | - | |
| Mein | Freund | will | mir | erst | hel- | fen, | **c** |
| - | **I** | - | **I** | - | **I** | | |
| dann | lässt | er | mich | im | Stich. | | **b** |

■ ***Welcher Albtraum bedrückt dich manchmal?***

- vergeblich weglaufen,
- gegen ein Monster kämpfen,
- sich vor der Freundin blamieren,
- in der Klassenarbeit versagen,
- den Computer nicht hochfahren können

usw.

■ ***Oder hast du noch schrecklichere Albräume? Schreibe ein Gedicht! Achte auf Versmaß und Reim!***

**Beispiele:**

In meinem schlimmsten Albtraum
sitz ich im Mathe-Test.
Und neben mir hockt Markus,
der mich nicht gucken lässt.

In meinem schlimmsten Albtraum
lauf ich vor Löwen weg.
Ich renne, renne, renne
und komme nicht vom Fleck.

Am Ende eines Schuljahres bekommen die Schüler Zeugnisse.
**Josef Reding** dreht den Spieß um: Die Lehrer bekommen ein Zeugnis!

Josef Reding

**Nanu?**

**Die Kinder der Schulklasse sieben**
**haben ein Zeugnis geschrieben**
**für jeden im Haus.**
**Und was kam heraus:**
**Drei Lehrer sind sitzen geblieben.**

■ ***Schreibe ähnliche Gedichte!***

**Beispiele:**

**Nanu?**

Die Kinder der Schulklasse acht
haben ein Zeugnis gemacht
für jeden im Haus.
Und was kam heraus:
Die Lehrer haben gelacht.

**Nanu?**

Die Eltern der Schulklasse zehn,
die haben die Schulzeit beseh'n.
Das kann man versteh'n.
Und was kam heraus:
Die Schulzeit war doch ganz schön.

■ ***Wähle ein anderes Thema und schreibe ein Gedicht!***

**Andere Themen:**

Die Kinder der Schulklasse eins, zwei, drei, vier ........................................ neun ...
Die Lehrer der Schule in ...
Die Eltern der Kinder aus ...
usw.

**Bertolt Brecht** beschreibt mit wenigen Worten eine Idylle, die man oft gar nicht wahrnimmt.

Bertolt Brecht

**Der Rauch**

Das kleine Haus
unter Bäumen am See.
Vom Dach steigt Rauch.
Fehlte er,
wie trostlos dann wären
Haus, Bäume und See.

■ ***Schau dich in deiner Umgebung um! Was würde dir fehlen?***

**Einige Möglichkeiten wären:**
- der DJ in der Disco,
- die Oma zu Hause,
- die Rose im Garten,
- die Wolke am Himmel,
- Bayern München in der Bundesliga usw.

■ ***Schreibe ein Gedicht über etwas, was dir fehlen würde!***

**Beispiele:**

**Die Blondine**

Die langhaarige Blondine
zwischen all diesen Schülerinnen.
Fehlt sie,
wie öde dann sind
Schule, Klasse und Stunde.

**Götterspeise**

Die quietschgrüne Götterspeise
inmitten des Buffets.
Mit einem Sahnehäubchen verziert!
Fehlte sie,
wie trist dann wären
Feier, Tafel und Teller.

In der **Fantasie** ist alles möglich.
Man kann sich in ein ganz anderes Wesen verwandeln, sogar in eine Hexe, wie **Barbara Fenski** weiß.
Und man muss sich nicht darum kümmern, was die anderen dazu sagen.

Barbara Fenski

## Rotschopf

**Vorgestern bin ich**
zur Hexe **geworden,**
trage mein Haar jetzt
in flammendem Rot,
schau mir im Spiegel
meine Feuerpracht an,
**trage mit Lachen**
**Lob und Kritik.**

■ ***Jetzt bist du an der Reihe! Suche dir eine Figur aus!***

- Popstar
- Lehrer
- Engel
- Streber
- Faultier

usw.

■ ***Überlege, wie du die Figur am besten charakterisieren kannst!***
***Übernimm vom Original nur die fett gedruckten Teile!***
***Schreibe ein Gedicht!***

**Beispiele:**

**Vorgestern bin ich**
erwachsen **geworden,**
sage mein Alter
in jedermanns Ohr,
schimpfe auf die Jugend,
die jetzt mich verspottet,
**trage mit Lachen**
**Lob und Kritik.**

**Vorgestern bin ich**
ein Popstar **geworden,**
steh auf der Bühne
und ...
...
...
**trage mit Lachen**
**Lob und Kritik.**

**Hans Manz** beschreibt, dass der Mensch aus Gegensätzen besteht.
Das wird wohl bei dir so ähnlich sein!

Hans Manz

**Ich**

**Ich:** träumerisch, träge, schlafmützig, faul.
**Und ich:** ruhelos, neugierig, hellwach, betriebsam.
**Und ich:** kleingläubig, feige, zweiflerisch, hasenherzig.
**Und ich:** unverblümt, frech, tapfer, mutig.
**Und ich:** mitfühlend, zärtlich, hilfsbereit, beschützend.
**Und ich:** launisch, gleichgültig, einsilbig, eigenbrötlerisch.

**Erst wir alle zusammen sind ich.**

- ***Suche Adjektive, die auf dich zutreffen!***

**Ich**

**Ich:** ...
**Und ich:** lässig, überlegen, ...
**Und ich:** ...
**Und ich:** ...
**Und ich:** ...
**Und ich:** ...

**Erst wir alle zusammen sind ich.**

- ***Suche Substantive, die auf dich zutreffen!***

**Ich**

**Ich:** Ehrgeiz, Sport, ...
**Und ich:** ...
**Und ich:** ...
**Und ich:** ...
**Und ich:** ...
**Und ich:** ...

**Erst wir alle zusammen sind ich.**

- ***Schreibe ein Gedicht mit Wörtern, die für dich typisch sind!***

■ ***Was du in der Schule lernst, passt nicht immer zu dem, was du auf dem Schulweg erlebst.***

Hans Manz

**Schulweg**

Um die Ecke: Der Massagesalon.
Zehn Schritte weiter: Der Intim-Shop.
An der Kreuzung: Nachtlokal mit St.-Pauli-Girls.
In der nächsten Straße: Das Sexkino.
Und am Schuleingang ein Flugblatt:
„Sexualunterricht gehört nicht in die Schulstube!"

**So könnte Hans Manz' Gedicht auch aussehen:**

**Schulweg**

Um die Ecke: der Zigarettenautomat.
Zehn Schritte weiter: die Marlboro-Reklame
An der Kreuzung: der Tabakladen.
In der nächsten Straße: rauchende Fußgänger.
Und am Schuleingang ein Schild:
**„In der Schule ist das Rauchen verboten!"**

■ ***Jetzt bist du an der Reihe!***
***Sammle ähnliche Beobachtungen und schreibe ein Gedicht!***

**Beispiele:**

**Sport**

Auf dem Fußballplatz: Tritt gegen das Schienbein.
Auf der Laufbahn: Sturz durch einen Rempler.
Beim Radrennen: Zusammenbruch im Etappenziel.
Im Boxring: Gehirnerschütterung durch rechten Haken.
Auf der Skipiste: Beinbruch im Fangzaun.
Im Schwimmbecken: Weltrekord durch Anabolika.
**Sport ist gesund!**

**Computer**

Das Programm stürzt ab.
Die Datei ist verschollen.
Der Drucker streikt.
Der Brenner erkennt die CD nicht.
Die E-Mail kommt zurück.
**Der Computer erleichtert das Leben.**

**Nicolas Born** beschreibt eine ganz normale Familie.

Nicolas Born

## Die Familie (Auszug)

Die **Familie** versteht sich von selbst ...
Die **Familie** bewohnt Stadt und Land ...
Eine **Familie** unterscheidet sich
von der anderen ...

Gewöhnlich gibt es in der **Familie**
Streitigkeiten
dabei geht es um dieses oder um jenes ...

Wer in der **Familie** das letzte Wort hat
das hängt von den Umständen ab
früher hatte es meistens der Vater
im Zuge zeitbedingter Veränderungen
hat es die Mutter mehr und mehr
an sich gerissen ...

Das liebste Fest
ist der **Familie** das Weihnachtsfest
die **Familie** ist vollzählig und ißt gut
man tauscht Geschenke und
ist nett zueinander ...
Die **Familie** ist nicht ausgesprochen religiös
glaubt aber an ein höheres Wesen.

Die **Familie** lebt
lieber im Sommer als im Winter ...
Sie ist gegen Kriegs- und Nachkriegszeiten
und fürchtet sich vor unehelichen Kindern.

Die **Familie** hat die Ansicht
daß vieles nicht stimmt
ist aber im großen und ganzen zufrieden.

(**Hinweis:** Auf Wunsch des Autors steht der Text in alter Rechtschreibung. Der vollständige Text findet sich im Anhang auf S. 102.)

**Meine Familie**

Meine **Familie** versteht sich …………………………… .
Meine **Familie** wohnt in …………………………… .
Meine **Familie** unterscheidet sich von anderen
durch …………………………… .

………… gibt es in meiner **Familie** Streitigkeiten
dabei geht es um …………………………… .

Wer in meiner **Familie** das letzte Wort hat,
das hängt von …………………………… ab.
Meistens hat es …………………………… ;
im Zuge zeitbedingter Veränderungen hat es
auch manchmal …………………………… .

Das liebste Fest
ist meiner **Familie** …………………………… .
Meine **Familie** ist ………… und isst ………… ;
man ………… und ist ………… zueinander.
Meine **Familie** ist (nicht) ausgesprochen ………… ,
glaubt aber an …………………………… .

Meine **Familie** lebt …………………………… .
Sie ist gegen ……………………………
und fürchtet sich vor …………………………… .

Meine **Familie** hat die Ansicht,
dass …………………………… ,
ist aber im Großen und Ganzen
…………………………… .

■ ***Fülle die Lücken aus! Schreibe ein Gedicht über deine Familie!***

Jeder Mensch findet an etwas anderem Gefallen.
**Bertolt Brecht** zählt sehr unterschiedliche Dinge zu seinen Vergnügungen!

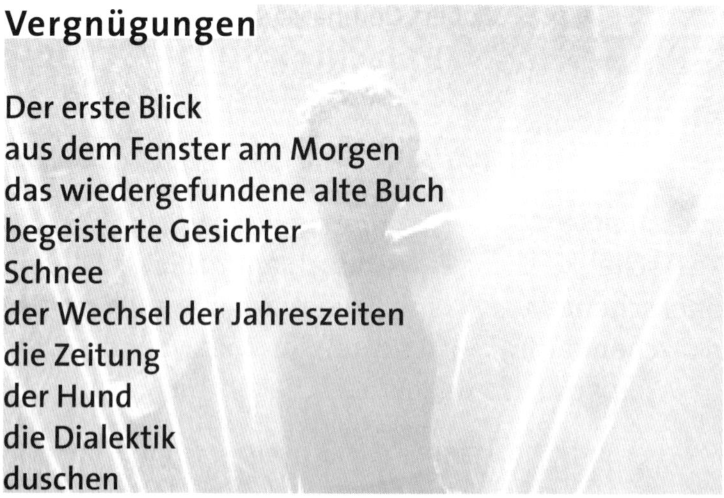

Bertolt Brecht

## Vergnügungen

Der erste Blick
aus dem Fenster am Morgen
das wiedergefundene alte Buch
begeisterte Gesichter
Schnee
der Wechsel der Jahreszeiten
die Zeitung
der Hund
die Dialektik
duschen
schwimmen
alte Musik
bequeme Schuhe
begreifen
neue Musik
schreiben
pflanzen
reisen
singen
freundlich sein

- ***Sammle in deinem Heft alles, was dir Vergnügen bereitet! Bringe die Vergnügungen in eine logische Ordnung!***

**Beispiel:** **Meine Vergnügungen**

die Pausenklingel
ein Blick von Leonie
die Zwei in Mathe
das Autogramm von ...
usw.

- ***Schreibe zu einem selbst gewählten Thema ein ähnliches Gedicht!***

**Andere Themen:**
- Meine Überraschungen
- Meine Enttäuschungen
- Meine schönsten Erlebnisse

usw.

## Uwe **Timm** geb. 1940

Bis der Mensch erwachsen ist, hört er viele Ermahnungen und Ratschläge.
**Uwe Timm** hat einige gesammelt.

Uwe Timm

### Erziehung

lass das
komm sofort her
bring das hin
kannst du nicht hören
hol das sofort her
kannst du nicht verstehen
sei ruhig
fass das nicht an
sitz ruhig
nimm das nicht in den Mund
schrei nicht
stell das sofort wieder weg
pass auf
nimm die Finger weg
sitz ruhig
mach dich nicht schmutzig
bring das sofort wieder zurück
schmier dich nicht voll
sei ruhig
lass das

wer nicht hören will muss fühlen

■ ***Ergänze das folgende Gedicht mit Sätzen, die du oft hörst!***

**Beispiel:** **Merke!**

Jetzt rede ich.
Du bist zu faul.
Als ich so alt war.
Man muss nur wollen.
Erst denken, dann reden.
Wir hatten noch Respekt.
Du verdirbst dir die Augen.
Dafür bist du noch zu jung.
Das verstehst du noch nicht.
Das ist kein Umgang für dich.
...
Das ist die Jugend von heute.

■ ***Sammle zu einem anderen Thema stereotype Sätze und ordne sie zu einem Gedicht!***

**Beispiele:** **Reden von Politikern:**

Die Jugend ist unsere Zukunft. Arbeitsplätze werden abgebaut.
Die Steuern werden angepasst. Wir bedenken das Gemeinwohl.

**Sprüche von Fußballspielern:**

Das war nur gesunde Härte. Der Schiedsrichter ist blind.
Der Fußballplatz ist kein Kindergarten.

■ ***Schreibe ein eigenes Gedicht mit beliebten Sätzen deiner Eltern und Lehrer!***

**Nora Clormann-Lietz** hat genau beobachtet, was zum Kuss gehört.

Nora Clormann-Lietz

## WAS ZUM KUSS GEHÖRT

Wimpernklimpern
Augenglänzen
Lächeln
Händchenhalten
Streicheln
Herzbumpern
rote Ohren
Wonnerieselrückenschauer
Kribbeln
bisschen schwitzen
unruhig sitzen
glücklich sein

■ ***Siehst du das auch so? Was gehört für dich zum Kuss? Schreibe es auf!***

**Es gibt auch andere Themen:**

- Was zur Klassenfahrt gehört
- Was zur Freundschaft gehört
- Was zu meinem Hobby gehört
- Was zum Sport gehört

usw.

■ ***Schreibe ein Gedicht zu einem selbst gewählten Thema!***

**Beispiel:**

**Was zum Sport gehört**

Umkleidekabine
Schwitzen
Halle
Zuschauerlärm
Anfeuern
Schiedsrichterpfeife
Glück
Enttäuschung
Siegestaumel
Mannschaftsgeist
Schulterklopfen
Schlachtenbummler
Punkte zählen
Abstieg

Wenn man eine ernsthafte Frage stellt, bekommt man oft eine oberflächliche Antwort – nicht nur von der Werbung.
**Ingeborg Bachmann** zeigt, wie wir uns von der Reklame einschläfern lassen.

Ingeborg Bachmann

**REKLAME**

Wohin aber gehen wir
***ohne Sorge sei ohne Sorge***
wenn es dunkel und wenn es kalt wird
***sei ohne Sorge***
aber
***mit Musik***
was sollen wir tun
***heiter und mit Musik***
und denken
***heiter***
angesichts eines Endes
***mit Musik***
und wohin tragen wir
***am besten***
unsre Fragen und den Schauer aller Jahre
***in die Traumwäscherei ohne Sorge sei ohne Sorge***
was aber geschieht
***am besten***
wenn Totenstille

eintritt

■ ***Jetzt bist du an der Reihe!***
***Stelle deine Fragen! Antworte mit Floskeln! Verbinde beides zu einem Gedicht!***

**Beispiel:**

Kay

**Ängste**

Die Arbeit
*keine Angst*
wird sowieso
*klappt schon*
nicht gut.
*nur die Ruhe*
Das mit Karl dem Großen
*du bist doch super*
verstehe ich auch nicht.
*bleib locker*
In Geschichte bekomme ich
*kauf Superhirntabletten*
vielleicht eine 5.
*cool bleiben*
Morgen ist Arbeitstermin.

Was tun?

**Theodor Fontane** macht uns darauf aufmerksam, dass oft eine Woche wie die andere abläuft – wie ein Rad, das sich gleichmäßig dreht.
Sein Gedicht ist über 100 Jahre alt. Hat sich bis heute viel geändert?

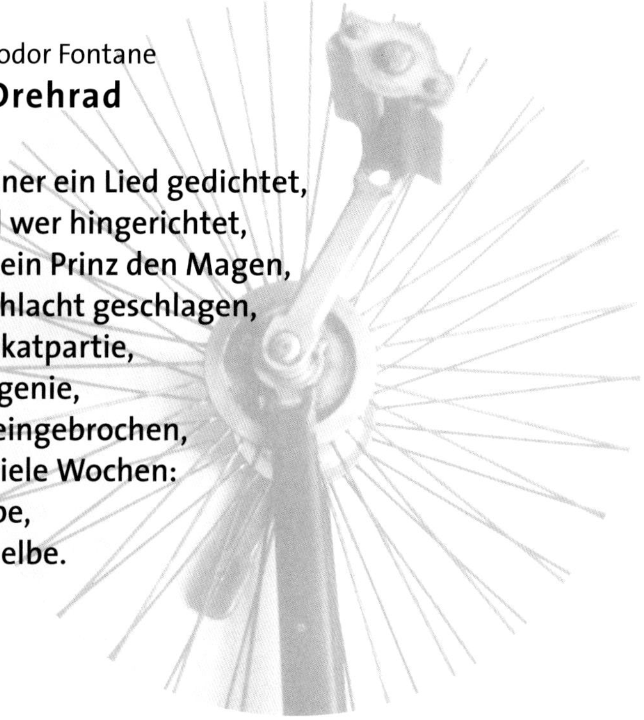

Theodor Fontane

## Drehrad

Heute, **Sonntag**, hat einer ein Lied gedichtet,
morgen, **Montag**, wird wer hingerichtet,
**Dienstag** verdirbt sich ein Prinz den Magen,
**Mittwoch** wird eine Schlacht geschlagen,
**Donnerstag** habe ich Skatpartie,
**Freitag** stirbt ein Kraftgenie,
**Samstag** wird überall eingebrochen,
und so geht es durch viele Wochen:
Bilder, blaue, rote, gelbe,
aber der Inhalt ist derselbe.

■ ***Schreibe ein Gedicht über die Woche, die dir das Fernsehen zeigt oder die du selbst erlebst!***

Heute, Sonntag, ..........................................

morgen, Montag, ......................................

Dienstag ..................................................

Mittwoch .................................................

Donnerstag ..............................................

Freitag .....................................................

Samstag ...................................................

und so geht es durch viele Wochen.
Bilder, blaue, rote, gelbe,
aber der Inhalt ist derselbe.

Nicht alles, was man zum Spaß tut, ist auch für die anderen spaßig.
**Erich Fried** beleuchtet in seinem Gedicht beide Seiten.

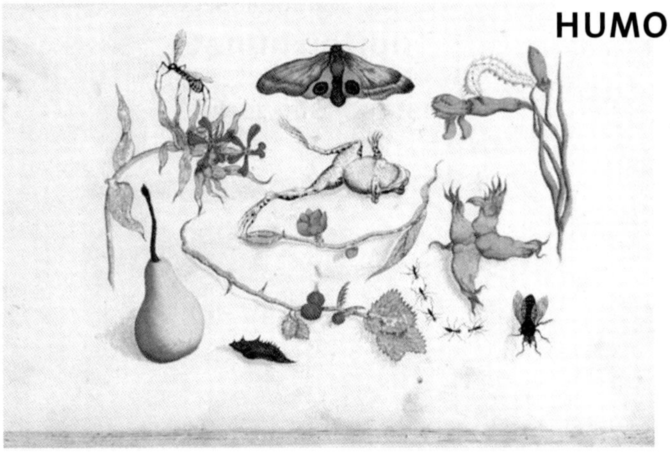

Erich Fried
**HUMORLOS**

**Die Jungen**
**werfen**
**zum Spaß**
**mit Steinen**
**nach Fröschen.**

**Die Frösche**
**sterben**
**im Ernst.**

■ ***Erinnere dich an einen Streich, den du jemand anderem gespielt hast oder der dir gespielt wurde.***

**Beispiele:**

- dich über jemanden lustig machen
- jemanden zum Spaß erschrecken
- jemanden zum Spaß bei der Freundin anschwärzen
- jemandem zum Spaß eine Viruswarnung schicken

usw.

■ ***Bedenke die Gefühle beider Seiten und schreibe ein Gedicht!***

**Beispiele:**

**HUMORLOS**

Rebecca
lässt Marc
zum Spaß
einen Joint
rauchen.

Marc
hängt im Ernst
an der Nadel.

**HUMORLOS**

Maximilian
stellt
Alexander
zum Spaß
ein Bein.

Alexander
stürzt
im Ernst.

Das Gedicht von **Rudolf Steinmetz** konjugiert das Verb so, wie du es in der Grammatik-Stunde manchmal lernst. Durch die Ergänzungen bekommt das Ganze einen **tieferen Sinn**.

Rudolf Steinmetz

**Konjugation**

Ich gehe
du gehst
er geht
sie geht
es geht

Geht es?

Danke – es geht.

■ ***Jetzt bist du an der Reihe.***
***Konjugiere ein Verb und füge dann eine Ergänzung an, damit eine zweite Bedeutung ins Auge springt!***

**Beispiele:**

ich liebe
du liebst
er liebt
sie liebt
wir lieben

wir l**e**ben

ich verschwende
du verschwendest
er verschwendet
sie verschwendet
es verschwendet

wir verschw**i**nden

ich diene
du dienst
er dient
sie dient
es dient
wir dienen
ihr dient

sie **ver**dienen

ich rede du hörst zu
er redet sie hört zu
wir reden ihr hört zu

sie reden **und reden**

■ ***Hast du dich anregen lassen?***

Na also! **Ich gehe**
**du gehst – an die Arbeit!**

In seiner Sammlung von Partizipien hat **Rudolf Otto Wiemer** die Lebensgeschichte eines Menschen erfasst.

Rudolf Otto Wiemer

**partizip perfekt**

**gezeugt geboren gewimmert**
**getrunken gelallt gespielt**
**gelernt gekuscht geschlagen**
**geliebt geheiratet gemustert**
**marschiert marschiert marschiert**
**geschossen gezittert geschnappt**
**gehumpelt geklaut gehungert**
**gesessen gehurt geschieden**
**geschuftet geflucht gefeiert**
**gekotzt geröntgt geschissen**
**gewimmert gestorben gelebt**

- ***Sammle Partizipien und schreibe sie in einer sinnvollen Folge auf!***

**Beispiele:**

**Dieb**
geschaut gewartet gestohlen
geflüchtet versteckt gelinkt
geschnappt verurteilt gesessen
daheim

**Fußball**
gelaufen gedribbelt geübt
gepasst geschossen geköpft
gehalten geschimpft gelobt
trainiert trainiert trainiert
gesiegt

**Computer**
geladen gefreut geklickt
getippt gedruckt gehackt
gescannt gemailt gelöscht
gestarrt gegrübelt geflucht
abgestürzt

**Schlüssel**
vermisst
gesucht
verzweifelt
gefunden
erleichtert

- ***Schreibe ein ähnliches Gedicht!***

Rudolf Otto Wiemer

## unbestimmte zahlwörter

alle haben gewusst
viele haben gewusst
manche haben gewusst
einige haben gewusst
ein paar haben gewusst
wenige haben gewusst
keiner hat gewusst

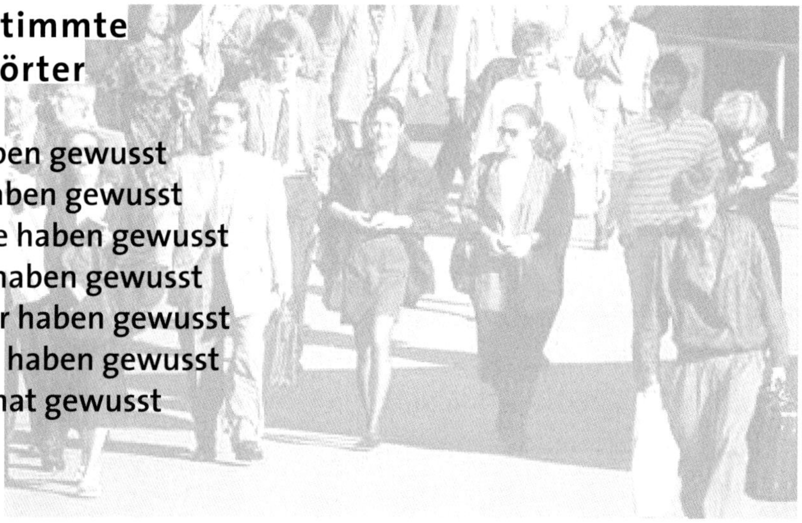

■ ***Setze bei diesem Gedicht andere Verben ein!*** (z. B.: mobben, schimpfen usw.)

■ ***Sammle geeignete Wortgruppen!***

**Beispiel:**

| | |
|---|---|
| immer | alles |
| häufig | viel |
| manchmal | etwas |
| selten | wenig |
| nie | nichts |

■ ***Schreibe ähnliche Gedichte!***

**Beispiele:**

alle trauen sich
viele trauen sich
manche trauen sich
einige trauen sich
ein paar trauen sich
wenige trauen sich
keiner traut sich

| | |
|---|---|
| vorgestern | König |
| gestern | Fürst |
| heute | Baron |
| morgen | Bürger |
| übermorgen | Bettler |

Du bildest eine Folge von Substantiven, Verben oder Adjektiven,
lässt eine Reihe frei und beginnst die letzte Zeile mit einer **Interjektion**.

**Beispiele:**

gut
brav
schön
eben
rein

**wischiwaschi, glatt**

nicht sehen
nicht hören
nicht fühlen
nicht schmecken
nicht riechen
nicht reden

**schade, nicht leben**

## Interjektionen zur Auswahl:

| | |
|---|---|
| Ablehnung: | brr - puh |
| Anruf: | ej - he - hi |
| Bestätigung: | gell - wa |
| Ekel: | igitt |
| Entrüstung: | pfui |
| Knall: | bumm - piffpaff |
| Müdigkeit: | uah |
| Nachfrage: | hä? |
| Nässe: | batsch - blubb<br>klatsch - klitsch - platsch |
| Schmerz: | au - autsch |
| Spott: | ätsch - bäh |
| Staunen: | oh - oho - whow |
| Stille: | pst - scht |
| Unklarheit: | wischiwaschi |
| Verständnis: | aha - ach so |
| Wechsel: | hipphopp - zackzack |
| Zweifel: | na - na ja - tz tz |

die Schule
die Fächer
die Mathematik
die Geometrie
die Formel
das Beispiel
die Aufgabe
die Übung
die Wiederholung

**aha, die Einsicht**

das Rennrad
der Sattel
der Lenker
die Schaltung
die Straße
der Asphalt
die Geschwindigkeit
die Kurve

**oje, der Sturz**

■ ***Schreibe ähnliche Gedichte! Benutze die Auswahl!***

Eine merkwürdige Speisenfolge hat sich **Franz Fühmann** ausgedacht.
Ob er Probleme mit der Rechtschreibung hat?

■ ***Du musst dir die Wörter vorsprechen, dann kommst du auf die richtige Bedeutung.***

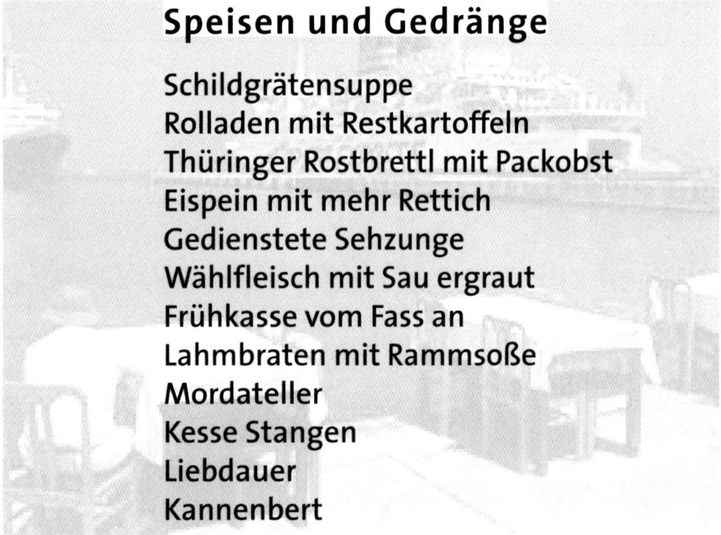

Franz Fühmann

## Speisen und Gedränge

**Schildgrätensuppe**
**Rolladen mit Restkartoffeln**
**Thüringer Rostbrettl mit Packobst**
**Eispein mit mehr Rettich**
**Gedienstete Sehzunge**
**Wählfleisch mit Sau ergraut**
**Frühkasse vom Fass an**
**Lahmbraten mit Rammsoße**
**Mordateller**
**Kesse Stangen**
**Liebdauer**
**Kannenbert**

**Zum Nachtisch**
**Klassierte Früchte**
**Ruhmkugeln**
**Nusseggen**
**Bissquitten**
**Erdbären frisch aus dem Wald**
**Diverse Schokolatten**

**Vier Kinder**
**Grüßbrei**
**Reißbrei**
**Puhding**
**Höfekuchen**

**Speisen und Getränke**

Schildkrötensuppe
Rouladen mit Röstkartoffeln
Thüringer Rostbrätel mit Backobst
Eisbein mit Meerrettich
Gedünstete Seezunge
Wellfleisch mit Sauerkraut
Frikassee vom Fasan
Lammbraten mit Rahmsoße
Mortadella
Käsestangen
Liptauer (ein Käse)
Camembert

**Zum Nachtisch**
Glasierte Früchte
Rumkugeln
Nussecken
Bisquit
Erdbeeren frisch aus dem Wald
Diverse Schokoladen

**Für Kinder**
Griesbrei
Reisbrei
Pudding
Hefekuchen

■ ***Schreibe die Speisen und Getränke auf, die du magst.***
***Ändere die Wörter so, dass man sie gerade noch erkennen kann.***

**Beispiel:** Karrenwust mit Catch ab

■ ***In dieser Form kannst du auch aufschreiben:***

die Schulfächer: **Machdichmadick** usw.
die Begriffe zum Computer: **E-mil** usw.
den Inhalt deiner Schultasche: **Früh-Stick**
usw.

■ ***Suche im Wörterbuch weitere Änderungswörter heraus!***

In einem **Rondeau** werden besonders wichtige Zeilen mehrmals wiederholt. Sie müssen aber an die richtige Stelle gesetzt werden. **Ernst Jandl** zeigt es uns:

Ernst Jandl

**my own song**

ich will nicht sein
so wie ihr mich wollt
ich will nicht ihr sein
so wie ihr mich wollt
ich will nicht sein wie ihr
so wie ihr mich wollt
ich will nicht sein wie ihr seid
so wie ihr mich wollt
ich will nicht sein wie ihr sein wollt
so wie ihr mich wollt
nicht wie ihr mich wollt
wie ich sein will will ich sein
nicht wie ihr mich wollt
wie ich bin will ich sein
nicht wie ihr mich wollt
wie ich will ich sein
nicht wie ihr mich wollt
ich will ich sein
nicht wie ihr mich wollt will ich sein
ich will sein

■ ***Schreibe ähnliche Gedichte!***

**Beispiele:**

Lena

**Hamlet modern**

**SEIN oder NICHTSEIN**,
das ist hier die Frage.
Ist sie es wirklich?
Was ist
**SEIN oder NICHTSEIN**?
Denken und Fühlen
ist eine Form von SEIN.
Wenn wir also
denken und fühlen,
sind wir.
Aber wie
definiert man NICHTSEIN?
Nicht denken, nicht fühlen?
Lassen wir doch
die Frage einfach
**SEIN oder NICHTSEIN**.

**Gedicht**

**Das hätte ich nie erwartet.**
Der Lehrer betritt die Klasse.
Er hat die Hefte in der Hand.
Er schaut mich an.
**Das hätte ich nie erwartet.**
Er schlägt mein Heft auf.
Er liest mein Gedicht vor.
**Das hätte ich nie erwartet.**
Die Klasse hört gespannt zu.
Der Lehrer lobt mich.
Alle klatschen.
**Das hätte ich nie erwartet.**

**Andere mögliche Wiederholungen:**

- Jetzt ist alles aus!
- Das geschieht ihm recht!
- Alles wird gut!
- Morgen ist auch noch ein Tag!

usw.

Das **Haiku** (oder Haikai) ist eine japanische Gedichtform.
Das Gedicht besteht aus **drei Zeilen** und umfasst insgesamt **17 Silben**.

Ingrid Bierkamp-Nienkarken
**Wintermorgen**

| | |
|---|---|
| 1. Zeile - **5 Silben** | **Rieselflockenweiß** |
| 2. Zeile - **7 Silben** | **schneien sich die Wolken leer.** |
| 3. Zeile - **5 Silben** | **Winterwatteweich.** |

**Beispiele:**

Mein neuer Laptop
fasziniert mich immer mehr,
bis er wieder streikt.

Die Farben eines
Regenbogens sind so bunt
wie meine Träume.

Ingrid Bierkamp-Nienkarken
**Eintagsfliege**

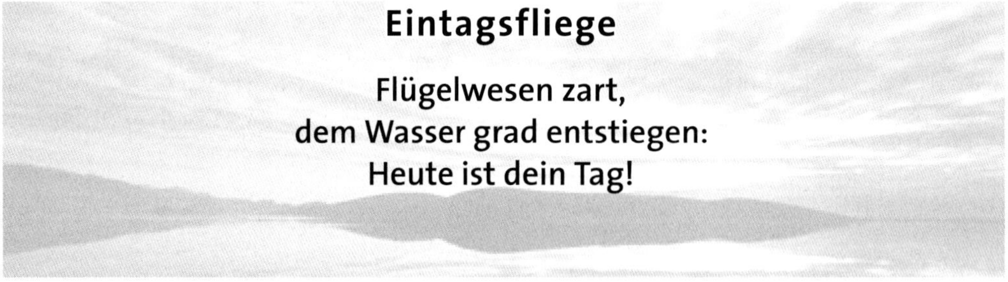

**Flügelwesen zart,
dem Wasser grad entstiegen:
Heute ist dein Tag!**

■ ***Schreibe ein eigenes Gedicht im Versmaß eines Haiku!***

Das **Elfchen** hat seinen Namen von der Zahl seiner Wörter. Es sind insgesamt **elf**.
Sie sind in einer bestimmten Reihenfolge angeordnet.

■ ***Wenn du ein Elfchen schreiben willst, gehe folgendermaßen vor:***

| | |
|---|---|
| 1. Zeile – **1** Wort: | ***Nenne eine Farbe, ein Gefühl, eine Eigenschaft!*** |
| 2. Zeile – **2** Wörter: | ***Wer (Was) hat diese Farbe, das Gefühl, die Eigenschaft?*** |
| 3. Zeile – **3** Wörter: | ***Wo ist es? Was geschieht?*** |
| 4. Zeile – 4 Wörter: | ***Stelle eine Beziehung zu dir selbst her!*** |
| 5. Zeile – **1** Wort: | ***Schließe mit einem treffenden Wort!*** |

**Beispiele:**

Jonathan

hallo
eine Interjektion
die deutsche Grammatik
sie ekelt mich an
igitt

Janina

blau
das Meer
weit unendlich weit
ich angle einen Fisch
verseucht

Julia

weiß
der Wald
schneebedeckt die Bäume
ich gleite über Loipen
Stille

**1**
**2**
**3**
**4**
**1**
**11**

■ ***Schreibe ein eigenes Elfchen!***

Ein **Spindel-Gedicht** hat seinen Namen von seiner äußeren Form. Es beginnt und endet jeweils mit einem Wort.

■ ***Um die Spindelform zu erreichen, fügst du in jeder Zeile zunächst ein Wort hinzu, bis du zur Mitte kommst. Dann nimmst du wieder jeweils ein Wort weg.***

Spaß

Freunde treffen

Viele Witze erzählen

Sich vor Lachen ausschütten

Bei den stillen Nachbarn auffallen

Beschimpft und bedroht werden

Sich Unsinn ausdenken

Nachbarn ärgern

Krach

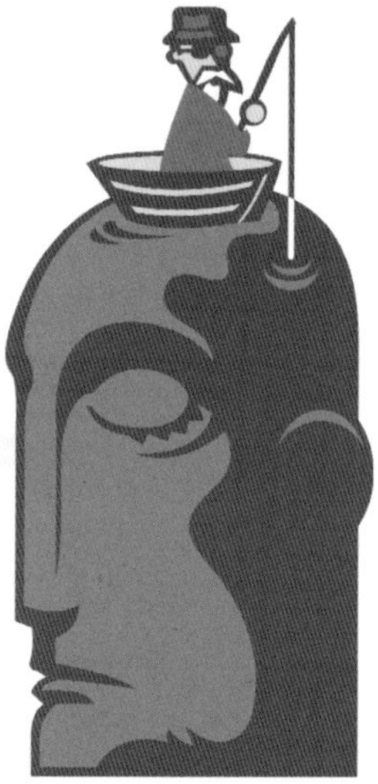

■ ***Schreibe eine Spindel zu einem selbst gewählten Thema!***

**Mögliche Themen:** Abfahrt – Ankunft
Liebe – Hass
Schule – Beruf
Anpfiff – Abfiff
Aufstieg – Abstieg
Anfang – Ende
usw.

Beim **Tannenbaum-Gedicht** haben die **erste** und die **letzte Zeile** nur ein Wort. Dazwischen stehen beliebig viele Zeilen. Wichtig ist, dass die **Nummer der Zeile** und die **Zahl der Wörter in dieser Zeile immer übereinstimmen**.

**Beispiel:**

**Spiel**

der Ball

er rollt hierher

genau auf mich zu

ich hole zum Schuss aus

ich treffe ihn mit der Spitze

er fliegt auf das gegnerische Tor zu

er prallt genau auf die Mitte der Querlatte

Pech

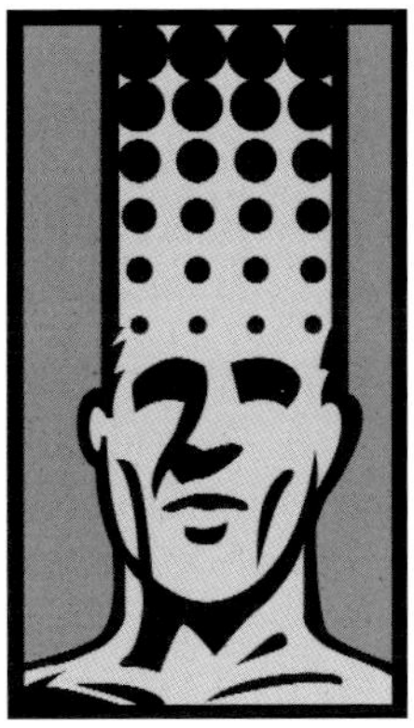

■ ***Schreibe ein Tannenbaum-Gedicht!***

**Mögliche Themen:**

Klassenarbeit – Note
Schachspiel – Sieg
Tanzstunde – Abschlussball
usw.

Hier haben **Schüler Wortpaar-Gedichte** geschrieben.
**Diese Gedichte entstehen so:**

- ***Was findet sich in deinem Zimmer? Schreibe alle Substantive auf!***
  Bücherregal, Foto, Bettcouch, Spielzeug, Computer, Drucker, Schultasche, Stuhl, Turnschuhe, Poster, Kleiderständer, Lampe, Teppichboden, CDs, Tischtennisschläger, Lippenstift, Bananenstaude usw.

- ***Nun fügst du zu jedem Substantiv ein passendes Adjektiv hinzu und schließt mit dem jeweiligen Thema. Fertig ist dein Gedicht:***

überquellendes Bücherregal
bunte Fotos
verschlissene Bettcouch
uraltes Spielzeug
nagelneuer Computer
unförmiger Drucker
ausgebeulte Schultasche
zerrissene Turnschuhe
schiefer Kleiderständer
wackliger Stuhl

**mein Zimmer**

**Beispiele:**

**Gedicht über einen Menschen**

leichtes Räuspern
scheuer Blick
hängende Schultern
schleichender Gang
rote Ohren
leise Sprache

**Leisetreter**

**Gedicht über ein Ereignis**

neuer Ball
harter Verteidiger
gellender Pfiff
schimpfende Zuschauer
verdienter Strafstoß
verzweifelter Torwart
lehmige Schuhe
verschwitztes Trikot
erschöpfte Spieler

**spannendes Fußballspiel**

- ***Denke an andere Ereignisse, Personen oder Eigenschaften und versuche, sie durch ein solches Wortpaar-Gedicht zu charakterisieren! Die folgenden Begriffe können dir helfen.***

- Handygespräch
- Pause
- Mobbing
- Klassenfahrt

usw.

- Stolz
- Zorn
- Gutmütigkeit
- Geiz

usw.

**Hans Kasper** hat eine Zeitungsnachricht in ein Gedicht umgewandelt.

### Umweltskandal

**Frankfurt.** Am Montag hat sich ein neuer Umweltskandal in der Nähe Frankfurts ereignet. Durch die Einleitung von Abwässern aus einem bisher noch nicht identifizierten Betrieb wurde das Wasser des Mains kilometerweit vergiftet. Tausende von Fischleichen landeten an den Ufern des Mains an. Die Umweltbehörde hat ihre Ermittlungen aufgenommen.

Hans Kasper

### NACHRICHT

**FRANKFURT. Zehntausend Fische**
**erstickten im öligen Main.**
**Kein Grund für die Bürger**
**der Stadt zu erschrecken.**
**Die Strömung ist günstig,**
**sie treibt das Heer**
**der silbernen Leichen,**
**der fliegengeschmückten,**
**rasch an den Quais vorbei.**
**Der Wind verweht den Geruch,**
**ehe er unsere verletzlichen Sinne**
**erreicht.**
**Alles ist auf das beste geordnet.**

■ ***Das kannst du vielleicht auch! Forme die folgende Nachricht zu einem Gedicht um!***

### Nur Harry Potter kann zaubern

(dpa). Die Begeisterung einer jungen Spanierin für Zauberlehrling Harry Potter hat zu einem gefährlichen Feuer geführt. Die 21-Jährige steckte ihre Wohnung in Madrid in Brand, als sie versuchte, am Herd den Zaubertrank aus einem der Bücher von Joanne K. Rowling nachzubrauen.
In einem Plastikbehälter mischte die junge Frau Öl, Alkohol, Mundwasser, Zahnpasta und Seife und erhitzte die Mixtur dann. Dies verursachte eine heftige Explosion und einen Brand, bei dem die Wohnung zerstört wurde. Die Feuerwehr brauchte eine Stunde, um den Brand zu löschen. Die Spanierin erlitt eine Rauchvergiftung. „Es war nur ein Experiment", sagte sie.

**Beispiel:**

### Mädchen ertrinkt im Nichtschwimmerbecken

(ap) Bei einem Badeunfall ist ein vierjähriges Mädchen in einem Frankfurter Schwimmbad ertrunken. Wie die Polizei mitteilte, wurde das Kind im Nichtschwimmerbecken leblos treibend von Badegästen bemerkt.
Nach erfolgloser Wiederbelebung sei die Vierjährige zwei Stunden später in einer Klinik gestorben. „Die anderen Gäste dachten zunächst, dass das Kind taucht", erklärte ein Polizeisprecher. Außerdem habe Hochbetrieb geherrscht. Die Eltern hätten sich zu der Zeit auf der Liegewiese aufgehalten.
Hinweise auf ein Fremdverschulden gebe es nicht.

### Nachricht

Im Schwimmbad herrscht heute Hochbetrieb.
Ein Körper treibt leblos im Becken.
Wiederbelebung erfolglos.
Vier Jahre alt wurde das Kind.
Die Eltern ruhen auf der Wiese,
genießen die Wärme der Sonne.
Sie freuen sich des Lebens,
das ihr Kind gerade verloren hat.

■ ***Suche eine kurze Nachricht in der Zeitung über Umweltverbrechen, Diebstahl, Mord, Raub usw. Schreibe darüber ein eigenes Gedicht!***

Was ist eigentlich an den Männern so Besonderes?
**Herbert Grönemeyer** gibt auf diese Frage eine ausführliche Antwort.

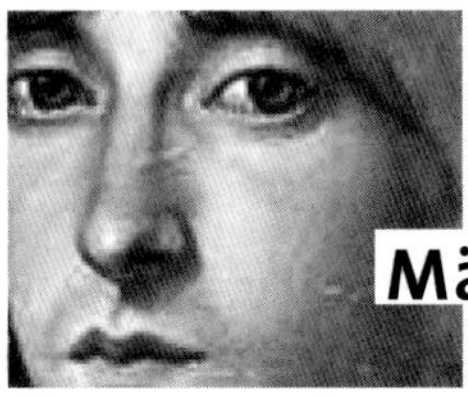

Herbert Grönemeyer
## Männer (Verse 1–3)

Männer nehmen in den Arm.
Männer geben Geborgenheit.
Männer weinen heimlich.
Männer brauchen viel Zärtlichkeit.
Männer sind auf dieser Welt einfach unersetzlich.

Männer kaufen Frauen.
Männer stehen ständig unter Strom.
Männer baggern wie blöde.
Männer lügen am Telefon.
Männer sind allzeit bereit.
Männer bestechen
durch ihr Geld und ihre Lässigkeit.

**Männer haben's schwer, nehmen's leicht,**
**außen hart und innen ganz weich,**
**werden als Kind schon auf Mann geeicht.**
**Wann ist ein Mann ein Mann?**

Männer haben Muskeln.
Männer sind furchtbar stark.
Männer können alles.
Männer kriegen 'n Herzinfarkt.
Männer sind einsame Streiter,
müssen durch jede Wand,
müssen immer weiter.

**Männer haben's schwer, nehmen's leicht,**
**außen hart und innen ganz weich,**
**werden als Kind schon auf Mann geeicht.**
**Wann ist ein Mann ein Mann?**

(**Hinweis:** Der vollständige Text findet sich im Anhang auf Seite 101.)

■ ***Schreibe auf, wie Frauen sind!***

## Frauen

Frauen ...
Frauen geben ...
Frauen ...
Frauen brauchen ...
Frauen sind auf dieser Welt ...

Frauen kaufen ...
Frauen ...
Frauen ...
Frauen lügen ...
Frauen ...
Frauen bestechen
durch ...

**Frauen haben's schwer, nehmen's leicht**
**außen ...... und innen ... ...**
**werden als Kind schon auf Frau geeicht.**
**Wann ist 'ne Frau eine Frau?**

Frauen haben ...
Frauen sind furchtbar...
Frauen können ...
Frauen kriegen ...
Frauen sind ...
müssen ...
müssen ...

**Frauen haben's schwer, nehmen's leicht**
**außen ...... und innen ... ...**
**werden als Kind schon auf Frau geeicht.**
**Wann ist 'ne Frau eine Frau?**

■ ***Dichte eigene Zeilen:***

- wie Männer sind
- wie Frauen sind
- wie Mädchen sind
- wie Jungen sind

Hier hat eine Dichterin den Mund ziemlich voll genommen und Redensarten gesammelt. Sie sind wie ein Zwiegespräch angeordnet.

Rosemarie Künzler-Behncke

## Mund

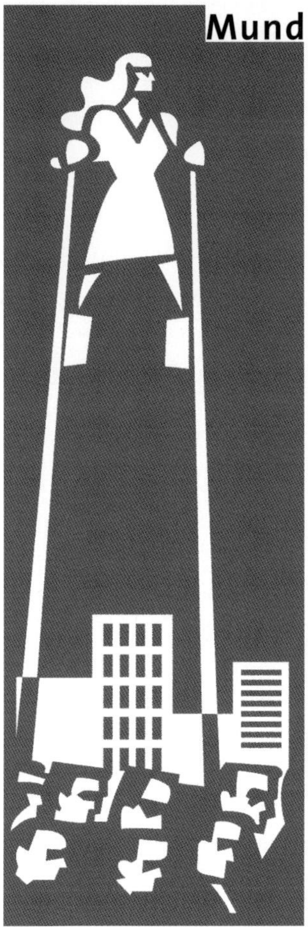

Halt den Mund!
Ich lasse mir den Mund nicht verbieten!
Dir steht der Mund nie still!
Und du machst den Mund nicht auf!
Du wirst dir noch den Mund verbrennen!
Ich bin eben nicht auf den Mund gefallen!
Du nimmst den Mund reichlich voll!
Immer mit dem Mund vorneweg ist besser,
als mit offenem Mund dastehen!
Wer schöne Sprüche im Munde führt,
dreht einem auch das Wort im Munde herum.
Ich nehme kein Blatt vor den Mund.
Du redest dir den Mund fusselig!
Ich kann nur noch Mund und Nase aufreißen.
Du schmierst allen Honig um den Mund!
Ich rede niemandem nach dem Munde!
Du machst allen den Mund wässerig!
Und du nimmst jedem das Wort aus dem Munde!
Das Wasser läuft mir im Munde zusammen.
Sprich nicht mit vollem Mund!
Fahr mir nicht über den Mund!
Halt den Mund!

**Solche Redensarten gibt es auch zu anderen Körperteilen:** eine feine **Nase** haben, sich etwas hinter die **Ohren** schreiben, mit spitzer **Zunge** reden, die rechte **Hand** sein, jemandem die **Stirn** bieten, einen langen **Hals** machen, kein **Rückgrat** zeigen, kein **Bein** auf die Erde bekommen, die **Finger** im Spiel haben, auf den **Nägeln** brennen, **Hals** über **Kopf** fliehen, auf großem **Fuß** leben, einen breiten **Buckel** haben, **Haare** lassen, die **Zähne** zeigen usw.

■ ***Sammle solche Redensarten und füge sie zu einem Gedicht zusammen!***

**Beispiele:**

**Kopfschütteln**

Wer sich etwas in den **Kopf** gesetzt hat
und mit dem **Kopf** durch die Wand will,
hat ein Brett vor dem **Kopf**,
stößt andere vor den **Kopf**
und riskiert oft **Kopf** und Kragen.

Da kann man nur den **Kopf** schütteln.

**Augenblick mal!**

Das **Auge** des Gesetzes
wird große **Augen** machen,
wenn sein **Aug**apfel
ihm die **Augen** öffnet
und ihm unter vier **Augen** gesteht,
ein anderer habe ein **Auge** auf es geworfen,
er verschlinge es gar mit den **Augen**,
es sei jetzt dessen **Augen**weide und
passe wie die Faust aufs **Auge** zu ihm.

Das kann ins **Auge** gehen!

**Ulla Hahn** beschäftigt sich mit der Zerstörung der Erde durch den Menschen.

Ulla Hahn

## Schöne Landschaft

Mitunter tut sich
der Himmel auf,
zeigt sein Geheimnis
im Spiegel der Erde.
Zeigt uns, was
wir noch übrig ließen
von der Erde, die einmal
sein Ebenbild war.

■ ***Jetzt bist du an der Reihe!***
***1. Übersetze das Gedicht in eine andere Sprache!***
***2. Gib die Übersetzung einem Mitschüler mit der Bitte, es zurückzuübersetzen.***
***3. Vergleiche die Rückübersetzung mit dem Original!***

**Beispiel:**
Goethes berühmtes Gedicht „Wanderers Nachtlied“ wurde schon oft übersetzt.
Die folgenden Übersetzungen stammen von einer 10. Klasse.

Johann Wolfgang von Goethe

### Wanderers Nachtlied

Über allen Gipfeln
ist Ruh,
in allen Wipfeln
spürest du
kaum einen Hauch;
die Vögelein schweigen im Walde.
Warte nur, balde
ruhest du auch.

Hélène, Verena, Anna

### Voyageurs chanson de la nuit

Sur tous les sommets
c’est silence,
dans toutes les cimes
tu sens
à pein un souffle;
le petits oiseaux gardent le silence dans la forêt.
Attends, bientôt
tu vas te reposer aussi.

Cécile, Andrea

### Viatoris nocturnum carmen

Super omnibus montium verticibus
silentium est,
in omnibus arborum cacuminibus
vix sentis spiritum;
aviculae in silva tacent.
Exspecta paulum, mox
tu quoque quiesces.

Anne-Kathrin, Damaris, Petra, Corinna

### Wanderer’s Nightsong

Over all the peaks
is silence,
in all the tree-tops
you sense
hardly a breath;
the birdies keep silent in the forest.
Just wait, soon
you, too, will rest.

■ ***Wer übersetzt die Gedichte ins Deutsche zurück?***

**Matthias Koeppel** hat das **Starckdeutsch** erfunden.
Die deutsche Sprache klingt ihm zu schwach.
Er möchte sie verstärken:
**Alle Vokale sollen stimmhaft werden (Vohokaaulä)**
**und die Konsonanten schärfer (Korronossanntheun).**

Ein Gedicht in **Starckdeutsch** sieht so aus:

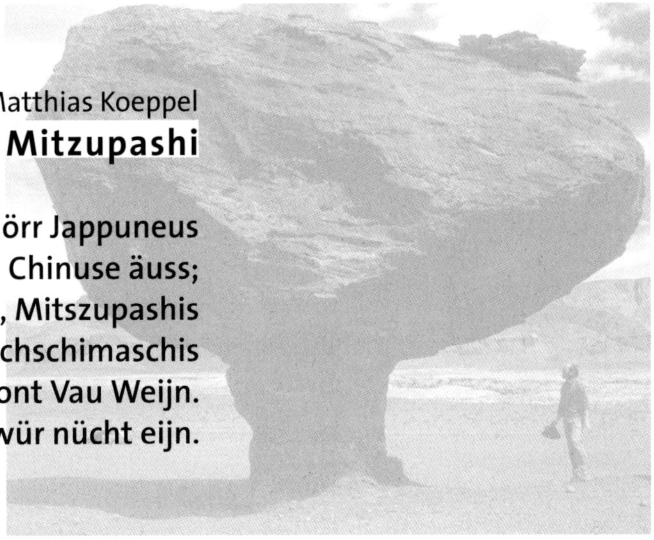

Matthias Koeppel
**Mitzupashi**

Jappuneus, dörr Jappuneus
sücht sunzt vi oin Chinuse äuss;
duch Tojyautas, Mitszupashis
sööhen auss vi Müschschimaschis
oss Marceidis ont Vau Weijn.
Nuin, – dar stoign wür nücht eijn.

■ ***Jetzt bist du an der Reihe!***
***Schreibe das folgende Gedicht in Starckdeutsch!***

Linus Kefer
**Lautlos**

Das ist die weiße Mittagskatze!
Über die glühenden Dächer
des Sommers
wandert sie lautlos
auf nackten Zehen.
Manchmal hebt sie
die samtene Pfote und schlägt
den Rauch aus dem Schornstein
zu Boden.

**Lahauttlous**

Dass ühsst dü weißßä Mattattigarrskaahatzze!
Ürürbärr ...

■ ***Suche selbst ein Gedicht und ühüberrrtarrarrage es ins Starckdeutsche!***

**Bertolt Brecht** beschäftigt sich mit den Fragen seines Sohnes.

Bertolt Brecht

## Fragen meines jungen Sohnes

Mein junger Sohn fragt mich:
Soll ich Mathematik lernen?
Wozu? möchte ich sagen.
Daß zwei Stück Brot mehr ist als eines,
das wirst du auch so merken.

Mein junger Sohn fragt mich:
Soll ich Französisch lernen?
Wozu? möchte ich sagen.
Dieses Reich geht unter. Und
reibe du nur mit der Hand
den Bauch und stöhne,
und man wird dich schon verstehen.

Mein junger Sohn fragt mich:
Soll ich Geschichte lernen?
Wozu? möchte ich sagen.
Lerne du deinen Kopf in die Erde stecken,
da bleibst du vielleicht übrig.

Ja, lerne Mathematik! sage ich.
Lerne Französisch! Lerne Geschichte!

(Hinweis: Für diesen Text liegt uns nur eine Abdruckgenehmigung in alter Rechtschreibung vor.)

- ***Bist du mit Brechts Antworten zufrieden?***

- ***Schreibe eine weitere Strophe!***

**Beispiel:**

Mein junger Sohn fragt mich:
Soll ich Gedichte lernen?
Wozu? möchte ich sagen.
Die Welt ist voller
Ungereimtheiten.
Sprich Klartext –
nicht durch die Blume!

- ***Stelle deine Fragen zum Unterricht und schreibe weitere Strophen!***

Soll ich **Biologie** lernen? Soll ich **Latein** lernen?
Soll ich **Chemie** lernen? Soll ich **ein Instrument** lernen?

# GEDICHTE VON SCHÜLERINNEN UND SCHÜLERN

Schülerinnen und Schüler können ihre Gefühle und Gedanken in einfachen Sätzen ausdrücken. Sie unterteilen die Sätze in Zeilen und erzielen dadurch eine poetische Wirkung.

**Seltsam**
**Das Atmen hält uns am Leben. Seltsam, dass wir die Luft, die wir atmen, Tag für Tag vergiften.**
Aus diesen beiden Sätzen formt Oliver ein Gedicht:

Oliver

**Seltsam**

Das Atmen
hält uns am Leben.
Seltsam,
dass wir
die Luft,
die wir atmen,
Tag für Tag vergiften.

■ ***Jetzt bist du an der Reihe:***
***Ähnliche Gedanken sind dir sicher schon oft durch den Kopf gegangen.***

**Beispiele:**

Björn

**Schule**

Ich muss viel lernen.
Ich muss mich oft ärgern.
Jeder Tag wird erneut zur Qual.
Aber nie hatte ich das Verlangen,
nicht dahin zu gehen.

Petra

**Leben**

Das Leben
ist ein Geschenk.
Man kann es
erfassen,
verschenken,
jemandem geben.
Nur
eintauschen
kann man es
nicht.

Julia

**Bedingungsgefüge**

Ist Weinen albern?
Sind Tränen kindisch?
Ist Nachdenken verboten?
Dann bin ich ein kleines albernes Kind,
das verbotene Dinge tut!

Julia

**Märchenstadt**

Die Märchenstadt am Ende der Fantasie –
hat sie genügend Platz
für alle,
die in der Welt
keine Wunder mehr finden?

■ ***Schreibe zu einem Gedanken einen Satz!***
***Hoffentlich ergeht es dir nicht wie Damaris:***

Damaris

**Leerer Kopf**

Ich sitze
im Deutschunterricht.
Ich fühle
mich elend.
Ich finde
keinen Gedanken
in meinem Kopf.
Er ist leer.

■ ***Hast du dein Handy dabei?***
Für eine SMS kann man nicht so viel Platz verbrauchen. Sie muss kurz sein.

Du bist für mich das Ass der Asse.
Du bist ganz einfach Superklasse.
Ganz ohne dich könnt ich nicht leben –
was heißen soll: Ich mag dich eben!

Ich sag' es kurz in einem Satz:
Du bist mein allergrößter Schatz.

Nina
Ich wollt, ich wär die SMS.
Ich möcht' dich so viel fragen,
was ich mich, wenn ich vor dir steh',
doch niemals trau' zu sagen.

Tja, wenn wir immer
wieder streiten,
dann müssen leider
beide leiden.

Ich liebe dir. Ich liebe dich.
Wie man das schreibt, das weiß ich nicht.
Ist die Grammatik auch nicht richtig.
Ich liebe dir und das ist wichtig.

■ ***Schreibe ein ähnliches Gedicht und verschicke es als SMS!***

# Anhang

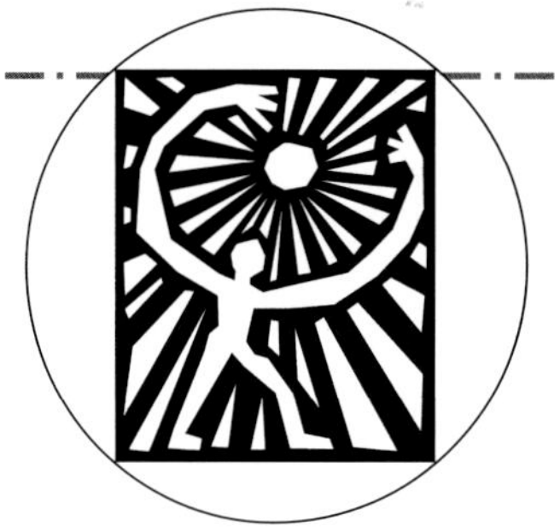

Herbert Grönemeyer

## Männer

Männer nehmen in den Arm.
Männer geben Geborgenheit.
Männer weinen heimlich.
Männer brauchen viel Zärtlichkeit.
Männer sind so verletzlich.
Männer sind auf dieser Welt einfach unersetzlich.

Männer kaufen Frauen.
Männer stehen ständig unter Strom.
Männer baggern wie blöde.
Männer lügen am Telefon.
Männer sind allzeit bereit.
Männer bestechen durch ihr Geld und ihre Lässigkeit.

Männer haben's schwer, nehmen's leicht,
außen hart und innen ganz weich,
werden als Kind schon auf Mann geeicht.
Wann ist ein Mann ein Mann?

Männer haben Muskeln.
Männer sind furchtbar stark.
Männer können alles.
Männer kriegen 'nen Herzinfarkt.
Männer sind einsame Streiter,
müssen durch jede Wand, müssen immer weiter.

Männer haben's schwer, nehmen's leicht,
außen hart und innen ganz weich,
werden als Kind schon auf Mann geeicht.
Wann ist ein Mann ein Mann?

Männer führen Kriege.
Männer sind schon als Baby blau.
Männer rauchen Pfeife.
Männer sind furchtbar schlau.
Männer bauen Raketen.
Männer machen alles ganz genau.

Wann ist ein Mann ein Mann?

Männer kriegen keine Kinder.
Männer kriegen dünnes Haar.
Männer sind auch Menschen.
Männer sind etwas sonderbar.
Männer sind so verletzlich.
Männer sind auf dieser Welt einfach unersetzlich.

Männer haben's schwer, nehmen's leicht,
außen hart und innen ganz weich,
werden als Kind schon auf Mann geeicht.
Wann ist ein Mann ein Mann?

Nicolas Born

## Die Familie

Die Familie versteht sich von selbst.
Die Kinder fühlen sich der jungen
die Eltern der älteren Generation zugehörig.
Die Familie bewohnt Stadt und Land
ihren genauen Wohnsitz kann man ermitteln.
Eine Familie unterscheidet sich von der anderen
man muß sie beim Namen nennen.
Gewöhnlich gibt es in der Familie Streitigkeiten
dabei geht es um dieses oder um jenes.
die Streitigkeiten werden mehr oder weniger ausgeräumt.
Die netteste Form der Streitigkeit
ist die Meinungsverschiedenheit.
Wenn Angehörige gegeneinander tätlich werden
dann stimmt am Milieu etwas nicht.
Wenn etwas aus der Familie nicht veräußert wird
dann bleibt es in der Familie.
Wer in der Familie das letzte Wort hat
das hängt von den Umständen ab
früher hatte es meistens der Vater
im Zuge zeitbedingter Veränderungen
hat es die Mutter mehr und mehr an sich gerissen.
Einige Mitglieder der Familie haben Geschlechtsverkehr
andere nicht oder vielleicht.
Das liebste Fest ist der Familie das Weihnachtsfest
die Familie ist vollzählig und ißt gut
man tauscht Geschenke und ist nett zueinander.
Daß man nett zueinander ist
hält die Mutter für das schönste Geschenk.
Die Familie hat einen Familienverbrauch
und einen Pro-Kopf-Verbrauch
sie ist nicht ausgesprochen religiös
glaubt aber an ein höheres Wesen.
Die Familie lebt lieber im Sommer als im Winter
in Kälteperioden rückt sie zusammen
ist der Himmel blau fährt sie ins Grüne.
Sie ist gegen Kriegs- und Nachkriegszeiten
und fürchtet sich vor unehelichen Kindern.
Die Familie hat die Ansicht daß vieles nicht stimmt
ist aber im großen und ganzen zufrieden.

# VERFASSER UND TEXTQUELLEN

| | | |
|---|---|---|
| BACHMANN, Ingeborg<br>1926-1973 | Reklame (73) | Verlagswerk: Werke Bd. 1.<br>© Piper Verlag München 1978. |
| BIERKAMP-NIENKARKEN, Ingrid<br>1942 | Wintermorgen (84)<br>Eintagsfliege (84) | unveröffentlicht.<br>unveröffentlicht.<br>© I. Bierkamp-Nienkarken. |
| BORN, Nicolas<br>1937-1979 | Die Familie (67) | Nicolas Born: Gedichte 1967-1978.<br>© 1978 by Rowohlt Verlag GmbH<br>Reinbek bei Hamburg. |
| BRECHT, Bertolt<br>1898-1956 | Der Rauch (63) | Gesammelte Werke. Die Gedichte.<br>© Suhrkamp Verlag Frankfurt 1967. |
| | Vergnügungen (70) | Gesammelte Werke. Die Gedichte.<br>© Suhrkamp Verlag Frankfurt 1967. |
| | Fragen meines jungen Sohnes (94) | Gesammelte Werke. Die Gedichte.<br>© Suhrkamp Verlag Frankfurt 1967. |
| BRENTANO, Clemens<br>1778-1842 | Abendständchen (53) | M. Behrendt/K. Foldenhauer:<br>Werkbuch Lyrik.<br>Westermann Braunschweig 1979. |
| BUCHINGER, Wolf<br>1943 | Dichterlesung (30) | noch mehr knackpunkte. Fouqué Literaturverlag.<br>© Wolf Buchinger. |
| BULL, Bruno Horst<br>1933 | Ich war ein schlechter Schüler (45) | Leseheft Grundschule.<br>Rund um Tintenklecks und Tafel.<br>Klett Grundschulverlag Leipzig.<br>© Bruno Horst Bull. |
| BUSCH, Wilhelm<br>1832-1908 | Fink und Frosch (23) | Kompaß. Ein Lesewerk.<br>5. und 6. Schuljahr.<br>Schöningh Paderborn 1968. |
| CLAUDIUS, Matthias<br>1740-1815 | Abendlied (12) | F. A. Schmidt/F. Stoll (Hrsg.):<br>Aus deutschem Herzen.<br>Diesterweg Frankfurt 1967. |
| CLORMANN-LIETZ, Nora<br>1934 | Was zum Kuss gehört (72) | Hans Joachim Gelberg (Hrsg.):<br>Großer Ozean.<br>© Beltz & Gelberg Weinheim 1984. |
| DÖHL, Reinhard<br>1934 | Apfel (39) | konkrete Poesie. anthologie.<br>Reclam Stuttgart 1972.<br>© Reinhard Döhl. |
| FENSKI, Barbara<br>1960 | Rotschopf (64) | Workshop Schreiben.<br>Pädagogisches Zentrum Berlin 1980.<br>© Barbara Fenski. |
| FONTANE, Theodor<br>1819-1898 | Drehrad (74) | M. Behrend/K. Foldenhauer:<br>Werkbuch Lyrik.<br>Westermann Braunschweig 1979. |
| FRIED, Erich<br>1921-1988 | Gedichte lesen (20) | Es ist was es ist.<br>© 1983, NA 1996. Verlag Klaus Wagenbach. |
| | Die Maßnahmen (46) | Erich Fried: Befreiung von der Flucht.<br>Gedichte und Gegengedichte.<br>1968 Claassen Verlag.<br>© Ullstein Heyne List GmbH & Co. KG. München. |
| | Humorlos (75) | Anfechtungen.<br>© Verlag Klaus Wagenbach Berlin 1967. |

| | | |
|---|---|---|
| MORGENSTERN, Christian<br>1871-1914 | Der Lattenzaun (26) | Gedichte.<br>Fischer Bücherei.<br>Frankfurt und Hamburg 1957. |
| | Der Mond (12) | Gedichte.<br>Fischer Bücherei.<br>Frankfurt und Hamburg 1957. |
| PAUSEWANG, Gudrun<br>1928 | Werbung (50) | Hans Joachim Gelberg (Hrsg.):<br>Großer Ozean.<br>© Beltz & Gelberg Verlag Weinheim 2000. |
| REDING, Josef<br>1929 | Meine Stadt (55) | G. Bonus-Tormann u. a. (Hrsg.):<br>Lesebuch Deutsch 7, Ausgabe 2.<br>Westermann Schulbuchverlag Braunschweig 1984.<br>© Josef Reding Dortmund. |
| | Nanu? (62) | Gutentagtexte. Vereint mit:<br>Ach- und Krach-Texte.<br>Bitter Verlag Recklinghausen 1988.<br>(c) Josef Reding Dortmund. |
| | Denunziation (77) | Dieter Krusche/Rüdiger Krechel:<br>Anspiel.<br>Inter Nationes Bonn 1984.<br>© Josef Reding Dortmund. |
| RILKE, Rainer Maria<br>1875-1926 | Der Panther (27) | F. A. Schmidt/F. Stoll (Hrsg.):<br>Aus deutschem Herzen.<br>Diesterweg Frankfurt 1967. |
| ROTH, Eugen<br>1895-1976 | Der Baum (8/9/12) | Hans-Joachim Gelberg (Hrsg.):<br>überall und neben dir.<br>© Beltz & Gelberg Weinheim 1986. |
| | Der eingebildete Kranke (59) | Eugen Roth: Mensch und Unmensch.<br>Heitere Verse.<br>Carl Hanser Verlag München 1960.<br>© Dr. Thomas Roth. |
| STEINMETZ, Rudolf<br>1924 | Konjugation (78) | Rudolf Otto Wiemer:<br>bundesdeutsch – lyrik zur sache grammatik.<br>© Peter Hammer Verlag Wuppertal 1974. |
| TIMM, Uwe<br>1940 | Erziehung (71) | Rudolf Otto Wiemer:<br>bundesdeutsch – lyrik zur sache grammatik.<br>© Peter Hammer Verlag Wuppertal 1974. |
| ULRICHS, Timm<br>1940 | ebbe – flut (33) | lesarten und schreibweisen.<br>edition rot Stuttgart 1968.<br>© Timm Ulrichs. |
| | ordnung – unordnung (35) | konkrete poesie. anthologie.<br>Reclam Stuttgart 1972.<br>© Timm Ulrichs. |
| WEINOBST, Theo<br>1949-1998 | Lebenslauf (56) | D. Krusche/R. Krechel: Anspiel.<br>Inter Nationes Bonn 1984.<br>© Andrea Weinobst. |
| WIEMER, Rudolf Otto<br>1905-1998 | partizip perfekt (79) | beispiele zur deutschen grammatik, gedichte.<br>© Wolfgang Fietkau Verlag Berlin 1973. |
| | unbestimmte zahlwörter (80) | beispiele zur deutschen grammatik, gedichte.<br>© Wolfgang Fietkau Verlag Berlin 1973. |

Für die Abdruckgenehmigung der Gedichte neuerer Verfasser danken wir den Dichtern bzw. ihren Verlegern.
Leider war es uns nicht in allen Fällen möglich, die Rechteinhaber ausfindig zu machen; alle Ansprüche bleiben gewahrt.